戦国名将の本質

明智光秀謀反の
真相に見る
リーダーの条件

小和田哲男
Tetsuo Owada

毎日新聞出版

目次

第一章 明智光秀流「調整といたわり」の危機管理 011

第二章

「天下人」信長・秀吉・家康の「驚異のリスク管理術」

第三章

戦国を勝ち抜いた群雄たちの「人を動かす」秘策　107

第四章

「小よく大を制す」地方大名のサバイバル虎の巻……165

第五章 「本当の名将」は家臣をみればわかる

写真　毎日新聞社
装丁　岩瀬聡
カバーイラスト　野崎裕子
DTP　明昌堂
校閲　ゼロメガ

第一章

明智光秀流「調整といたわり」の危機管理

明智光秀は本当に「主君を討った謀反人」だったのか

二〇二〇年のNHK大河ドラマ「麒麟《きりん》がくる」は、明智光秀が主人公だ。光秀は主君、織田信長を討った謀反人、裏切り者というイメージで語られている。だが、それは必ずしも事実とは言い難い。

本当の光秀像を後世に伝えなければという、歴史家の使命感みたいなものを私は感じている。これは光秀同様に私が長年研究してきた石田三成や今川義元にも共通することだが、敗者であり、世間から「ダメ」という烙印《らくいん》を押されてきた武将の、真の姿を描き出したいと常々思っている。

中でも、明智光秀には特にシンパシーを感じてしまうのである。

明智光秀は羽柴秀吉と並んで、信長を支える家臣であった。

信長の家臣にはもちろん、柴田勝家や、丹羽長秀といった有力な武将が他にもいた。だが、信長が本当に信頼した武将は、光秀と秀吉の二人だけであった。

歴史とは、常に勝者が書くものである。後世にはそうした信長が信頼した武将という光秀の姿はあまり伝わらなかった。むしろ、秀吉による光秀討伐を正当化するため、光秀は謀反人であり、それを討伐した秀吉の偉大さ、天下人たるエピソードばかりが語り伝えられている。

事実は逆である。信長は秀吉よりも、光秀を信頼し、期待を寄せていた。

柴田勝家が北陸方面、秀吉が中国方面と、各武将の担当する地域を決めた際、信長のお膝元である「京都」とその周辺、すなわち「丹波」「摂津」「大和」を任せたのは、秀吉でなく、光秀とその与力《よりき》大名だった。

つまり、光秀は信長家臣団の中で、序列筆頭だったのである。

実は危機管理に優れていた明智光秀

信長が光秀をそれほど信頼していたことには、理由がある。

まず信長は、光秀の軍略を高く買っていた。

さらに、「京都奉行」といった役割をつつがなく果たした、施政者としての光秀の能力を、信長は高く評価していた。

ただ、信長が最も高く買っていたのは、光秀が持っていた「京都人脈」だった。つまり、上洛《じょうらく》して天下人となった信長にとって、朝廷や公家と仲良く交流できる、文化人としての光秀の能力は大変貴重だった。

かつて明智光秀といえば、昔のＮＨＫ大河ドラマ「国盗り物語」（一九七三年）で描かれた、思慮深いが暗い人物のイメージが強かった。

明智光秀が思慮深い人物であったことはまちがいないと思われる。開けっぴろげな性格であった秀吉にくらべると、確かに光秀は暗い人物といえるかもしれない。その後江戸時代の書物で「秀吉は豪放磊落《ごうほうらいらく》、光秀は慇懃《いんぎん》」というイメージが世間に広く定着することになった。

また、光秀は大変な部下思いであった。戦いで死んだ家臣の供養米を、お寺に寄進していることがわかっている。それも名のある武士だけでなく、名字がなく足軽より身分が低い中間《ちゅうげん》まで供養している。珍しい武将だと思う。

亡くなった家臣の子どもを手助けしよう、といった文書を出す例は他の武将にもある。だが、中間のような「雑兵」にまで供養米を寄進する武将は、光秀だけではないかと思われる。

こうした光秀の人柄が、戦乱に次ぐ戦乱のなかで、信長家臣団をまとめる上でも貴重な役割を果たしたことは、想像に難くない。

軍事だけでなく内政にも優れていた光秀

明智光秀といえば、誰もが反射的に本能寺の変を思い浮かべるにちがいない。光秀が本能寺を襲い、信長を殺したことはまちがいないし、主殺《しゅうごろ》し、謀反人のレッテルを貼られていることも確かである。

しかし、そのことだけが取りあげられるため、光秀の功績にはあまり目が向けられていないように思われる。

明智光秀は、信長家臣団の出世頭だった。

元亀二（一五七一）年、比叡山焼き討ちのあと、そのふもとに坂本城が築かれるが、光秀はそこの城主となり、それが、信長家臣団の中における「一国一城の主」第一号である。

また、天正八（一五八〇）年八月に、怠慢を理由に佐久間信盛・信栄父子が追放されたとき、その折檻《せっかん》状の中で、信盛・信栄父子の怠慢をなじりながら、それと比較対照するように、「丹波国日向守働き、天下の面目をほどこし候」と記している。日向守とは光秀のことである。

このように、光秀は軍事的にも丹波平定の功労者だったわけであるが、その丹波支配にも大きな業績を残していた。自らは亀山城を本城とし、領内のいくつかの支城に重臣を配置し、領域支配を行わせており、黒井城に斎藤利三、八上《やかみ》城に明智光忠、福知山城に明智秀満を入れている。

中でも注目されるのが福知山城である。福知山城が築かれた場所は、由良川と土師《はぜ》川が合流する地点で、たびたび氾濫を起こしていた。城そのものは小高い丘の上に築かれたので、洪水が起きても大丈夫だが、それでは町が常に洪水の危険にさらされることになってしまう。

そこで光秀は河川の付け替えによる洪水の危険を回避する治水事業に着手しているのである。具体的には、現在の福知山駅付近まで蛇行していたと推定される由良川を北に付け替え、堤防を築いている。しかも、ただ堤防を築いただけでなく、その前面に衝撃を和らげるための藪《やぶ》を設けたという。現在、その藪は「蛇ケ端御藪《じゃがはなおやぶ》」とよばれ、実際、藪になっていて、水勢を弱める効果があると指摘されているのである。

どうしても、光秀は謀反人としてとらえられてしまう傾向があるが、現在につながる福知山の発展の基礎を築いた武将として、地元では名君として慕われ、善政を敷いたことも無視できない。

本能寺の変、光秀謀反の真因は何だったか、議論のあるところではあるが、信長の悪政を阻止するための光秀の危機管理だった可能性もあると、私は考えている。

信長を討たざるを得なかった「真の理由」

明智光秀はなぜ主君、織田信長を討ったのか。

天正一〇（一五八二）年六月に起きた「本能寺の変」は、日本史における最大のミステリーの一つだ。

信長から高く評価されていた光秀が、なぜ謀反を起こしたのか。

私は「本能寺の変」の半年前、天正一〇年の年明けまで、光秀には謀反を起こす気はなかったと見ている。光秀は、信長からもらった茶器で「初釜」（正月の茶の集い）をしている。つまり、この時まで光秀は信長への敬意を持っていた可能性が高い。

この「初釜」自体が謀反の意を隠蔽するためだったという「カモフラージュ説」もあるが、私はこれを光秀が信長をこの時点まであがめていた証拠だと思っている。

その年の三月には、信長が武田勝頼を滅ぼした。長年信長を悩ませてきた武田家が、これで滅亡したことになる。

そうなると信長は「俺の敵はいなくなった」と考え、彼の増長がはじまった。

その象徴的なできごとが、勝頼の首実検であった。

戦国時代、乱世の事とは言え、首実検においても最低限の死者への敬意は見せるのが当時の常識で、首を拝み、死者にねぎらいの言葉をかけるのが作法だった。

だが、信長は悪口をいって勝頼の首を蹴飛ばしたと言う。光秀はこの光景をそばで見ており、きっと「常軌を逸した行動だ」と思ったはずである。

もう一つの出来事は、武田攻めの帰りに起こった。

信長が「せっかく甲斐まで来たんだから、富士山を見て帰りたい」と言ったとき、従軍していた太政大臣の近衛前久が「お供しましょう」と言った。

すると信長は、「わごれなんどは木曽路を帰れ」と馬上から暴言を吐いたという。信長の家臣ならまだしも、太政大臣は今でいう総理大臣であり、きわめて位の高い相手である。

それに対して、ふつうなら考えられない暴言を信長は吐いた。

光秀はこの光景をそばで見ており、「これはおかしい」と思ったのではないか。

そしてもう一つ、信長の息子の信忠が、信長に敵対する武将が甲斐の恵林寺に逃げ込んだため、恵林寺を焼き討ちした。

当時のお寺はいわゆる「治外法権」であり、お寺は逃げてくる人間をかくまうことができた。

ただ、織田勢は、武将を山門に追い上げて、僧侶一五〇人ともども焼いてしまったのである。

しかも恵林寺のトップは、天皇から「国師号」というお墨付きをもらった高僧だった。これ以上信長を増長させると、いずれ朝廷に弓を引きかねない、と光秀は感じ、謀反を決意したのではないか。

これが私の唱える「信長非道阻止説」である。

「本能寺の変」が起こった理由は、もちろん一つではない。信長家臣団の中で、光秀が追い詰められていたという面も考えられる。

武田攻めに光秀は大将としては加わっていない。特に働きはなく、おそらく恩賞ももらってはいない。一方、秀吉は中国攻めで、毛利氏を滅亡させる寸前まで追い詰めた。

「本能寺の変」が起こった背景には、このまま信長が応援に向かい、秀吉とともに毛利を討てば、自分より秀吉のほうが上になると光秀が恐れた、という側面もあるだろう。

また、四国の大名、長宗我部元親の問題も関係していると思われる。

元親が信長に接近した際、橋渡し役をつとめたのは光秀であった。

だが、せっかく信長との仲を取り持った長宗我部が、四国を席巻しそうになり、信長は長宗我部に対して「これ以上、国を広げるな」と待ったをかけたのである。

光秀は、これで面目を失ってしまった。

戦国時代の下剋上は「危機管理の手段」

光秀が「本能寺の変」で信長を討った理由とは、このように、信長による悪しき政治に歯止めをかけるための、一種の「世直し」だったと思う。

「本能寺の変」は、下の者が思い切って上の者を倒す「下剋上」の一つの典型だった、と今では広く考えられているであろう。


今でこそ「下剋上」は、社会の秩序を乱す、倫理にもとる、というイメージがあるかもしれない。だが戦国時代においては、下剋上は実は是認されていた。

悪しき政治を倒し、世の中を良くできるなら、「下剋上」は必ずしも「悪」とは考えられていなかった。結果が良ければ「謀反人」として非難されることもなかったということである。

ところが、後の江戸時代になると、儒教的な考え方が一般的になり、「武士は二君《じくん》にまみえず」といった倫理が主流になった。

光秀を「主殺しの大悪人」だと考えるのは、江戸時代以降の感覚だと思われる。

光秀の丹波攻めはなぜ信長に絶賛されたのか

織田信長は、天正三（一五七五）年五月二一日の三河長篠《ながしの》・設楽原《したらがはら》の戦いで武田勝頼軍を破ったことで、ようやく、東の脅威が取り除かれることになり、本格的な丹波経略に動き出した。

その丹波攻めの大将に任命されたのが明智光秀である。

丹波国は現在の京都府中央部と兵庫県東部にあたる。

京都周辺がすでに織田領国に組み込まれているのに、丹波が手つかずだったことに意外という印象があるかもしれない。実は、天正元（一五七三）年に足利義昭が信長に追放される以前の「義昭・信長二重政権」のときは、丹波の武将たちのほとんどが幕府に従っている形だった。ところが、義昭が追放され、幕府が瓦解したことで、反信長の姿勢を明確にしはじめた。

有力な武将としては、丹波守護代の内藤氏、宇津《うつ》城の宇津氏、八上城の波多野氏、黒井城の荻野氏である。荻野直正は『信長公記』には赤井悪右衛門として出てくる。

光秀による丹波攻めは天正三年一一月にはじまった。ターゲットになったのが黒井城の荻野直正である。この戦いに光秀側として八上城の波多野秀治が加わっていたが、翌四年正月一五日、その波多野秀治が荻野直正側に寝返った。このため、黒井城攻めは失敗し、光秀は坂本城に逃げもどった。まさに危機的状況である。

この敗北は光秀にとって相当ショックだったのであろう。しばらく体調を崩している。あの信長のことなので、光秀は信長から叱責されたと考えるところであるが、叱責された形跡はない。任務は続行されている。

そこで光秀は丹波に拠点となる城を築くことを考えた。危機管理のあらわれである。そして、その城が亀山城（京都府亀岡市荒塚町）だった。亀山城の前身となる城は、丹波守護代内藤氏の城だったが、光秀はその城の近くの余部《あまるべ》城を足場に、天正五（一五七七）年一〇月、内藤氏の城を開城させた。

今度は、そこを足がかりとして、ついに、同七年六月には八上城の波多野秀治が降伏し、八月には荻野氏の黒井城も落とすことに成功している。そのため、翌年には、信長から「丹波国日向守（光秀）働き、天下の面目をほどこし候」と絶賛されているのである。

光秀は亀山城を丹波経略の拠点として城下町づくりにも力を入れており、現在の亀岡市

（明治二年に亀山から亀岡に改称）発展の基礎を築いている。

城跡は、明治維新後、幾多の歴史を経て、大本教教団の管理するところとなり、同教団によって、壊されていた石垣の復元もなされている。

「本能寺の変」真相を物語る明智光秀の手紙

天正一〇（一五八二）年六月二日未明、明智光秀が一万三〇〇〇の兵を率いて京都本能寺を襲撃し、信長とその長男信忠を殺害した。世にいう本能寺の変である。信長の家臣として、信長からの信頼も厚かった光秀が、なぜ信長に叛旗を翻したのか、つまり、光秀謀反の真相は何だったのかは、以前から「日本史最大のミステリーの一つ」などといわれ、様々な説が提起されている。

古くは怨恨説が主流だったように思われる。光秀が信長から今でいう「いじめ」あるいは「パワハラ」を受け、その積もり積もった鬱憤《うっぷん》を爆発させたのが本能寺の変だった、とするものだ。

ただ、「いじめ」に該当することがらの多くは、江戸時代に書かれたものが出典となっていて、近年は疑問符が付けられている。

また、「天下取りの野望説」といわれるものもある。さらには突発説とか偶発説といわれる考えも出されているが、下火となっているという印象がある。それらに代わって浮上してきたのが黒幕説で、朝廷黒幕説・足利義昭黒幕説といったものが取り沙汰されている。

私自身は、光秀が誰かに操《あやつ》られて本能寺の変を起こしたという考えには反対で、むしろ、光秀なりの究極の危機管理が本能寺の変だったのではないかとみている。

私がそのように考えた根拠の一つは、本能寺の変が起こったその日六月二日付の光秀書状の存在である。この書状は現在、原文書はなく、江戸時代前期の儒者であり兵学者の山《やま》鹿素行《がそこう》が著した『武家事紀』に所収されているもので、文面は次の通りである。

父子の悪虐《あくぎゃく》は天下の妨《さまた》げ、討ち果たし候。其の表の儀、御馳走候て、大垣の城相済まさるべく候。委細、山田喜兵衛尉申すべく候。恐々謹言（読み下しで引用）。

（天正一〇年）
六月二日

西小　御宿所

宛名の「西小」というのは、美濃の野口城（岐阜県大垣市）の城主西尾小六郎光教のことである。「父子」はいうまでもなく、織田信長・信忠父子のことで、その「悪虐」は天下の妨げをなすので、討ち果たしたといっている。「言い訳をいっているに過ぎない」といわれればそれまでだが、このころの公家の日記にも、信長が暦に口出しをして、無理難題をいっていると書かれており、また、羽柴秀吉の応援に行くよう命じられたことで、左遷を意識したことも十分考えられる。

よって信長の悪政をストップさせるための下剋上とみることができる。戦国時代にあって、下剋上は一種の「世直し」の意味ももっていたのである。

本能寺襲撃軍はなぜ信長に覚られなかったのか

明智光秀が本能寺にいる織田信長を襲撃しようと決意したのがいつなのかについては正確にはわかっていない。

光秀が、備中高松城の水攻めを続けている羽柴秀吉の援軍として出陣するよう信長から命ぜられ、一万三〇〇〇の大軍を率いて居城の一つだった亀山城を出陣したのは天正一〇(一五八二)年六月一日の午後八時から九時ごろにかけてであった。

一般的には、出陣の直前、光秀が家老クラスの五人、すなわち、斎藤利三・明智秀満・明智光忠・溝尾庄兵衛・藤田伝五を集め、謀反のことを切りだしたという。明智秀満は光秀の娘婿である。突然の光秀の発言に五人はびっくりしたものと思われる。その時どのような意見がかわされたかはわからないが、決行することになった。

ただ、出陣直前ではなく、出陣してから光秀が謀反のことを切りだしたとする説もある。明智滝朗氏の『光秀行状記』によると、出陣したあと、戦勝祈願に立ち寄った篠《しの》八幡宮ではじめて五人の重臣たちに自分の決意を語ったという。

実は、この篠八幡宮、ふつうの八幡宮ではない。たとえば、元弘・建武の争乱のとき、鎌倉幕府軍の一員として後醍醐天皇討伐のため、伯耆《ほうき》に向かった足利尊氏が、この篠八幡宮において、討幕方となることを決意しているのである。しかも注目されるのは、このときの足利尊氏が六波羅探題を討ちにいったコースが、光秀の本能寺攻めのコースと全く同じなのである。

おそらく、光秀は一万三〇〇〇の家臣たちに嘘の命令を出していたのであろう。考えられるのは、「信長様からの命令で、軍装をお見せするため、京に向かう」というものである。ただ、家臣のうち、一人でも、その嘘を見ぬき、信長側に「光秀軍が京に向かって進軍しています」と情報を洩らしていれば、このときの謀反は失敗に終わったはずである。

それが成功したのは、光秀側の情報秘匿が勝っていたからである。これは光秀の危機管理といってよい。具体的には、光秀は家臣の天野源右衛門を尖兵隊長に任じ、軍勢の先を行かせ、味方の中から本能寺へ通報に走ろうとする者を殺すよう命じていたのである。

それにしても、一万三〇〇〇という大軍の行動が信長側に気づかれなかったというのは驚きである。よほど規律が保たれていたものと思われる。

本能寺を襲撃する段になっても、落伍者を一人も出していないことも、ただ不思議としか言いようがない。

本能寺の変を成功に導いた明智光秀の「軍法」

戦国武将は、一軍の統制を守るため、軍律を定めた厳しい家中軍法を制定している。軍律で多いのは抜け駆けの禁止、無断撤退の禁止などである。中には、越後上杉氏の「軍律法令」(『北越軍談』)に、「或《あるい》は主人、或は与頭《くみがしら》戦死の場に在《あ》らば、即ち其の衆一所にして敵に死すべし」などという項目もあり、「本当かな」と存在を疑問視したくなるものもある。

合戦のとき、家臣たちが功名心にはやり、勝手な行動を取ってはまずいので、軍律は危機管理の一つといってよい。ところが、どういうわけか織田家中の軍法がほとんど残っていないのである。

今回、ここに紹介する「明智光秀家中軍法」はその意味では例外的存在である。「明智光秀家中軍法」という文書名は、後世の人が内容からそうつけたもので、本来は「定《さだめ》条々《じょうじょう》」(福知山市御霊神社所蔵)で、前半の七カ条が軍法、後半の一一カ条が軍役賦課基準について書かれたものである。出されたのは天正九(一五八一)年六月二日となっている。注目すべき項目を見ておこう。

まず、第一条では、「武者、備場《そなえば》において、役者の外、諸卒高声ならびに雑談停止《ちょうじ》の事。付《つけた》り、懸《かか》り口その手賦《てくばり》、鯨波《とき》以下、下知に応ずべき事」とある。「役者」は武者奉行などの役についている上司のことで、一般の士卒は戦場では、大声を出したり、雑談が禁じられていたことがわかる。

第五条では、「旗本先手其たん〳〵の備定置上者《は》、足軽懸合《かけあい》の一戦有之といふとも、普《あまねく》下知を相守るべし。若猥《もしみだり》の族《やから》あらハ、仁《じん》・不肖《ふしょう》に寄らず、忽《たちまち》成敗を加うべき事。付り、虎口《こぐち》の使眼前手前たると雖《いえど》も、申し聞かす趣《おもむき》相違し、返答に及ぶべし。縦《たとい》其場を踏み、比類無き高名を遂ぐと雖も、法度をそむくその科《とが》、更に相遁《のが》るべからざる事」としている。

そして、第六条では、「或は動き、或は陣替の時、陣取と号し、ぬけかけに遣《つか》う士卒の事、堅く停止せしめ訖《おわんぬ》。其の所に至り見斗《みはからい》相定むべき事。但し、兼而《かねて》より申し付くべき子細あらハ仁に着くべき事。付り、陣事払い禁制の事」となっている。最後の「陣事払い」は

「陣払い」のことであろう。抜け駆けの禁止、勝手な陣払い、すなわち撤退が光秀家中でも禁止されていたことがわかる。

おそらく、こうしたしばりがあったから、天正一〇（一五八二）年六月二日の本能寺の変の日、一万三〇〇〇といわれる明智光秀軍が落伍者を出すことなく、本能寺の信長襲撃に向かったものと思われる。

戦死した家臣の供養のために寺に供養米を寄進したやさしい顔をもった光秀も、家中統制のため、軍律は厳しくしていたことがうかがわれる。

「家臣に対するいたわり」こそ最強の危機管理法

天正一〇（一五八二）年六月二日の本能寺の変のとき、明智光秀の軍勢は一万三〇〇〇といわれている。居城だった丹波亀山城を出陣したときの軍勢が、そのまま落伍者を出さずに本能寺に向かったということで、その家臣団の結束の固さが注目されている。

その前年、織田家中では珍しい「家中軍法」が定められているのが、その理由の一つとしてあげられている。

もう一つ、光秀の家臣に対するいたわりの気持ちが、家中の統制に反映していたのではないかと思われる。

家臣に対するいたわりも、家中の騒動を未然に防ぐという、立派な危機管理策だったのではなかろうか。

光秀が単独、あるいは連署して出した文書が現在一七〇通余確認されている。その中に珍しい文書が何通か含まれており、天正元（一五七三）年二月から三月にかけての近江堅《かた》田《た》の戦いに関する文書は注目に値する。

堅田の戦いに参陣し、負傷した革嶋刑部丞忠宣に対し、怪我をしたことを案じ、養生するよう光秀は伝えているのである。

さらに、このときの戦いで討ち死にした一八人の家臣のために、近江西教寺に対し、死者の霊を供養するよう一人につき一斗二升の米を寄進しているのである。

しかも、この一八人のうち、一七人までは名字を持つ侍身分であるが、もう一人は「中間　甚四郎」とあり、名字を持たない最下級の身分の者であった。光秀は、中間の死まで悼んでいたことがうかがわれる。

こうした光秀の人を思いやる気持ちというものが家臣団結束を強める要因となったと思われ、その思いやりの気持ちが光秀の家臣団構成にもあらわれているのである。そして、そのことが、光秀と主君である織田信長との溝を深める結果となったと思われる。

たとえば、信長は、天正七（一五七九）年の荒木村重の謀反のとき、摂津有岡城に残った荒木一族および家臣七〇〇人を皆殺しにしており、敵対した相手に対し容赦ない対応をしていたことで知られている。

ところが、光秀はそうではなく、敵対した者に対して、寛容に扱っている。たとえば、天正三（一五七五）年一〇月の丹波亀山城攻めに際し、城を守っていた内藤氏の家老安村次郎右衛門が降伏を申し出てきたとき、それを許したばかりか、内藤氏の家臣団を自分の家臣に組みこんでいるのである。このとき、並河掃部・四王天但馬守・荻野彦兵衛といった丹波衆が光秀の傘下に入り、このあと、亀山城が光秀による丹波経略の拠点となっているのである。

敵対した者を許せる度量を光秀は持っていたわけで、このあたりに信長とのちがいが鮮明となっている。

一族滅亡の危機を回避した明智光安の「決断」

明智光秀の父親の名前については系図によってちがいがあり、光綱・光隆・光国の三説があるが、一般的に流布している系図は光綱説が多い。たとえば『系図纂要』所収「明智系図」では次のようになっている。

光継―┬―光綱―光秀
　　　├―光安―光春
　　　└―光久―光忠

　ところが、父光綱は早くに亡くなり、光秀は父の弟、すなわち叔父にあたる光安の補佐を受けていたという。なお、その子の光春とみえるのが光秀の娘婿となる秀満のことで、この系図では、光秀と秀満は従兄弟の関係となるが、秀満については、三宅出雲守の子とする説もある。

　この光綱・光安・光久兄弟の妹が斎藤道三に嫁いだ。

　そのことから、弘治二（一五五六）年四月二〇日の、道三と子の義龍が戦った長良川の戦いで、光秀は道三方につくのが自然と思われる。

　ところが、このとき、光秀およびその補佐役である叔父の光安が道三方について戦ったとする史料はない。もしかしたら、中立的立場だったかもしれない。

　しかし、勝った義龍側にしてみれば、自軍に加わってこなかった光安・光秀は敵と考えた。そこで、光安・光秀の拠る明智城が攻められることになった。

この年九月一九日、『美濃国諸旧記』によれば、義龍は家臣の長井隼人正道利を大将として三七〇〇の兵で明智城攻めにかかった。史料によっては兵の数は三〇〇〇とするものもある。それに対し、明智方の兵は八七〇といわれているが、これも史料によっては三八〇とするものもあって、実数はわからない。いずれにせよ、圧倒的に攻城側の軍勢の方が多い。

落城間際の様子が『美濃国諸旧記』にみえ、そこに光秀を補佐し、明智城を守ってきた光安が光秀にいった言葉が記されている。「我々生害せんと存ずる。御身定めて殉死の志なるべけれども、某等は不慮の儀にして斯くなり、家を断絶す。御身は、祖父の遺言もあり、又志も小ならねば、何卒爰を落ちて存命なし、明智の家名を立てられ候へ。并に我々が子供等を召連て、末々取立て給はり候やう、頼み申す」といって自害したという。

戦国時代、戦いで負ければ、恥を後世に残さないよう自害をするというのが一般的な観念としてあった。光安は、若い光秀たちをそのまま死なせてしまうには惜しいと考えたのであろう。城から脱出させ、家名再興の夢を光秀らに託したわけで、結果的にはこれは正解であった。

明智光秀像（京都亀岡市の亀山城跡）

重宝を敵に渡した明智秀満の「将としての器」

「明智秀満って誰？」といわれそうであるが、「湖水渡りで有名な明智左馬助光春のことだよ」といわれれば納得されるかもしれない。一般的には左馬助光春の名で知られているが、正しくは弥平次秀満といった。

系図によっては、光秀の父光綱の弟光安の子ということで、光秀とは従兄弟の関係とされているが、史料には秀満の父は三宅出雲守と書かれたものもあるので、実際のところはどうだったのかわからない。ただ、光秀の娘と結婚していたことは事実で、光秀の娘婿ということになる。

では、左馬助光春、すなわち弥平次秀満の名前を有名にした湖水渡りとはどういうものだったのだろうか。

光秀が山崎の戦いで羽柴秀吉に負けたのは天正一〇（一五八二）年六月一三日のことである。この日、秀満は山崎の戦場には出ていない。安土城の守りについていたのである。山崎の戦いの敗報が安土城の秀満のところにいつ届けられたかはわからないが、一三日の夜遅くか、一四日早朝と思われる。

秀満は、敗れた明智軍の将兵が坂本城に集結しているという情報を受け、安土城から坂本城に向かった。ところが、途中、大津付近で秀吉方の堀久太郎秀政の軍勢に行く手を遮られてしまったのである。そのとき、秀満は馬を琵琶湖に乗り入れ、無事、坂本城への入城を果たしたという。実際に馬が泳げるのかどうか疑問だとして、浅瀬を走ったとか、湖と陸地のぎりぎりのところを走ったとかいろいろと解釈されているが、これが左馬助の湖水渡りということになる。

坂本城はすぐ堀秀政ら秀吉軍によって包囲されてしまった。坂本城には光秀が築いた天主があった。安土城の天主より早く築かれており、また、各種文献にも安土城の天主と同じ天主の字で書かれている。秀満は光秀の家族、自分の家族を天主に集め、抵抗を試みたが、多勢に無勢で、最後は妻子を自ら刺殺した上で自刃するが、何と、その前に、坂本城にあった重宝を敵の大将堀秀政に渡しているのである。

そのときの秀満の言葉が『川角太閤記』にみえる。「此の道具は、私ならぬ事、天下の道具なれば、是れにてめつし候事は、弥平次、傍若無人と、おぼしめさるべく候間、相渡し申し候」とある。

ふつう、「城を枕に討ち死に」というとき、その家に伝わった重宝の類も灰燼に帰してしまうことが多い。ところが、このときの秀満は、光秀が主君信長からもらった重宝などを「天下の道具」として後世に伝えたのである。これは一種の危機管理ではないだろうか。

「本能寺の変」後にネコババしなかった蒲生賢秀の「意志の強さ」

蒲生氏は近江の戦国大名であり、六角氏累代の重臣の家系である。

蒲生賢秀の名前の「賢」は、六角義賢（承禎《じょうてい》）の一字をもらい受けたものである。ところが賢秀は、永禄一一（一五六八）年九月、織田信長が近江に進撃してきたとき、いち早く信長に臣従する。そのとき、鶴千代と名乗っていた、子の氏郷を人質として出している。信長は氏郷を気に入り、翌年には自分の娘（のちの相応院）と結婚させているのである。

このあと、賢秀は長光寺城を預けられた柴田勝家に付属させられ、その与力となっている。ところが、勝家が越前に移封されたときにはそこには行かず、そのまま近江にとどまった。勝家の与力ではなくなったので、天正四（一五七六）年に信長が安土城に移ってからは、安土城下に屋敷を与えられ、御馬廻衆、すなわち信長の旗本となっていた。

同一〇（一五八二）年六月二日、本能寺の変の頃に賢秀は安土城二の丸の番衆をつとめていた。このとき、明智光秀の軍勢が安土城に攻めこんでくると判断した賢秀は、城に残っていた信長の妻子を安全なところに避難させることを考え、金銀財宝をそのままにすることを命じると、城を木村次郎左衛門にまかせ、自ら信長の妻子を連れて居城の日野城へ退いている。財宝に手をつけず、城も焼かなかったことで、このときの賢秀の措置はその後「財宝に見向きもしなかった」と称賛されたという。

注目されるのは、このあと、賢秀が光秀からの誘いを拒み続けていた点である。光秀としては、足場を固める意味で、蒲生氏ら近江の武将を味方につけることは焦眉の課題で、信長・信忠父子を討ったことを宣伝しながら、味方になるように誘いかけをしたわけであるが、賢秀はそれになびかなかった。

光秀の謀反の成否を危ぶんでいた、というのも理由だったと思われる。だが、息子の氏郷に信長の娘が嫁いできているわけで、氏郷は信長の女婿であるという意識も働いたであろう。

さらに、自分が信長の妻子を保護しているというそのときの立場が決定的だったと思われる。光秀からの誘いを断り、光秀には降らなかったのである。

よくいわれるように、光秀謀反の失敗は、瀬田橋を落とされ、安土入城が遅くなったことがあげられるが、それと同じくらい、光秀が賢秀を味方にできなかったことも大きな意味をもったのではないかと考えられる。

ちなみに、賢秀が歴史に名を残した仕事はこれが最後であった。信長の死を契機に家督を子の氏郷に譲っている。亡くなったのはその二年後、天正一二（一五八四）年四月一七日であった。

「本能寺の変」失敗が呼んだ細川藤孝・ガラシャ夫人の悲劇

細川藤孝は室町幕府の幕臣、三淵晴員《みつぶちはるかず》の子だ。父晴員の兄にあたる細川元常の養子となり、十三代将軍足利義輝に仕えていた。元服のとき、義輝から「藤」の一字を与えられている。義輝の初名が義藤だったからである。

その義輝が永禄八（一五六五）年五月、松永久秀や三好三人衆の襲撃を受けて殺害されたあと、奈良興福寺の一乗院にいた義輝の弟、覚慶《かくけい》を救出したのが藤孝だった。

藤孝は覚慶を次期将軍にすべく、覚慶を還俗《げんぞく》させ、はじめ義秋、ついで義昭と名乗らせ、越前の朝倉義景を頼った。

ところが、義景は義昭を連れて上洛の軍を起こす気持ちはなく、義昭・藤孝主従が途方に暮れているところに、織田信長との橋渡し役を申し出たのが明智光秀だった。光秀はそのころ、朝倉義景に仕えていたのである。

結局、このあと、光秀は信長と義昭の二人に仕える形となるが、義昭の家臣としてのランクは、光秀よりも細川藤孝の方が上だった。

ところが、そのあと、信長と義昭が対立するようになり、光秀も藤孝も義昭を見限る形となる。だが、信長の家臣としてのランクは、光秀の方が細川藤孝より上で、藤孝は光秀の与力大名の扱いとなっていたのである。ただ、信長の斡旋で、光秀の娘の玉（のちの細川ガラシャ）が藤孝の嫡子忠興に嫁いで姻戚関係にあり、光秀・藤孝の二人は協力して丹波・丹後の経略にあたっている。

その光秀が、天正一〇（一五八二）年六月二日、京都の本能寺で信長を討った。本能寺の変である。光秀としては、自分の与力であり、若いころから苦楽をともにし、また、娘を忠興に嫁がせていることから、細川藤孝・忠興親子は真っ先に味方になってくれると考えていた。ところが、そうはならなかった。

藤孝は、本能寺の変のしらせをうけるや否や髻《もとどり》を切って出家してしまったのである。このあと幽斎と号することになる。それだけでなく、家督を忠興に譲るとともに、光秀の娘の玉を形の上で離縁させ、幽閉しているのである。

光秀からの誘いを蹴る藤孝の手紙があるはずであるが、残っていない。だが、光秀が藤孝に宛てた「覚」が永青文庫に残っており、五〇日、一〇〇日のうちに畿内を平定したら身を引くつもりであると書かれている。

藤孝が光秀からの求めを拒んだ理由は書かれたものがないのでわからないが、謀反が失敗に終わると読んでいたのかもしれない。結果論ということになるが、この判断は正しかったというわけである。

明智光秀の墓とされる桔梗塚（岐阜県山県市中洞）

第二章

「天下人」信長・秀吉・家康の「驚異のリスク管理術」

織田信長、豊臣秀吉、徳川家康。

言わずもがな、後世に〝戦国の三英傑〟とうたわれる、三人の天下人である。

戦国の世に覇を唱え、位人臣を極めた三人だが、彼らとて、生まれついての天下人ではない。

他の戦国武将と同じように、時に奇襲を受け、時に友軍の裏切りに遭いながらも、すんでの所で死中に活を得、命拾いをしている。

織田信長は元はといえば、尾張（現在の愛知県西部）でも決して大きいとはいえない勢力であり、若き日々には奇行が目立ち、「うつけ」とよばれていた。同じ尾張でも下層階級に生まれた秀吉、そして幼少期を織田氏、今川氏の人質として過ごした家康も、辛酸を嘗めて育っている。

「恵まれた出自」とは決していえない三人が、幾多の危機を乗り越え、「頂上」へとどのようにたどり着いたのか。

ここでは、三英傑たちが、それぞれの困難に対して、機知を用いてどのように対処したかを見てみたい。

「天下人の危機管理」から、現代人が学ぶべきことは多いはずだ。

二　「うつけ者」織田信長に学ぶ「逆転の発想」

桶狭間「奇襲成功」の裏に秘められた「情報戦」

織田信長が今川義元を討った永禄三（一五六〇）年五月一九日の桶狭間の戦いは、よく知られているように、信長の家臣服部小平太がまず義元に槍《やり》をつけ、二番手に飛びこんでいった毛利新介が義元の首を取っている。

このような場合、いわゆる一番手柄は服部小平太か毛利新介のどちらかというのが一般的であろう。翌日の論功行賞の場に居並んだ信長家臣も、「信長様は二人のどちらを一番手柄とするだろうか」と興味津々だったと思われる。

ところが、論功行賞の場で、信長がまっ先に名前を呼んだのは簗田《やなだ》政綱という部将だった。

簗田政綱が前日の桶狭間の戦いで、服部小平太や毛利新介と同じような目立った働きをしていれば、誰も驚かなかったと思われるが、五月一九日、簗田政綱は誰の目にもとまらなかったので、皆驚いた。

桶狭間において、簗田政綱は隠密行動をとっていた。

簗田政綱は受領名出羽守を名乗っているので、いっぱしの「信長家臣」と思われるかもしれないが、実際は、尾張と三河国境近くの沓掛《くつかけ》の土豪、つまり地侍だった。

地侍とはふだんは農業に従事し、「いざ戦い」というときだけ、武装して従軍してくる半農半士の兵農未分離の侍のことである。

この簗田政綱の住む沓掛にある沓掛城に今川義元が入った。今川軍は二万五〇〇〇という大軍で、五月一九日早朝、出陣している。

その様子を観察し、信長に情報として届けたのが簗田政綱だったのだ。各種史料を総合すると、情報のポイントは三つあったと思われる。

（一）今川軍二万五〇〇〇は二つに分かれ、二万は鳴海城方面に向かい、義元本隊は五〇〇〇で大高城方面に向かっている。
（二）出発地点の沓掛城と義元本隊の目的地のちょうど中間地点に桶狭間というところがあり、そこで昼食休憩をとるのではないか。
（三）この日、義元は馬ではなく塗輿《ぬりこし》に乗って出陣している。

信長は、政綱からの情報を得て、桶狭間で休憩している義元に奇襲をかけるという作戦を考え、しかも、「輿のあるところに集中攻撃をかけろ」という命令を出した。

その命令を受けて活躍した服部小平太や毛利新介よりも、作戦そのものを考え出すヒントになる情報を届けた簗田政綱の方が手柄は上だと、信長は考えたのだ。

それまで手柄といえば、「槍働き」という言葉があるように、実際の戦いで武勲をあげることが何よりも重要であった。信長はそうした「武功」よりも、「情報」の方が上だと判断したことになる。

ふつうに考えると、敵が二万五〇〇〇で、味方がせいぜい四〇〇〇ほどだと太刀打ちはできない。だが信長は簗田政綱の情報によって、その絶体絶命の危機を乗り切った。

信長はこの後も、情報を重視した戦いを継続している。

「軍議をやらず雑談ばかり」に隠された信長の「深謀遠慮」

桶狭間の戦いの前夜、すなわち永禄三（一五六〇）年五月一八日、織田信長の重臣たちは清須城に集まった。今川義元が三河・尾張の国境を越えて沓掛城に入ったからである。

重臣たちは、今川軍をどう迎え撃つかの軍議が開かれると思い待機していた。

ところが、太田牛一の著した『信長公記』には、「其夜の御はなし、軍《いくさ》の行《てだて》は努々《ゆめゆめ》これなく、色々世間の御雑談迄にて、既に深更に及ぶの間帰宅候へと御暇下さる」とあり、軍議は開かれず、雑談ばかりで、「もう夜もふけたので、家にもどれ」といわれたことがわかる。

『信長公記』のその続きに、「家老の衆申す様、運の末には智慧の鏡も曇るとは此節なりと、各嘲哢《ちょうろう》候て罷《まかり》帰へられ候」とあり、重臣たちも暗澹《あんたん》たる気持ちになり、信長をばかにする者もあらわれたことがうかがわれる。

この夜、信長が軍議を開かなかったのはどうしてなのだろうか。

このとき、今川軍二万五〇〇〇に対し、織田軍はせいぜい四〇〇〇である。まともにぶつかって勝てるわけはないので、清須城に籠城《ろうじょう》するか、奇襲に打って出るか二つに一つしかない。

おそらく信長は、軍議を開いても、重臣たちは籠城を主張すると読んでいたものと思われる。

信長自身はすでに奇襲策を考えていたが、軍議の場でそれをしゃべれば、敵に伝わってしまうかもしれない。信長は家老衆という重臣たちにも心を許していなかったのである。

思わぬ苦杯をなめた今川義元（右）と少数ながら戦を制した織田信長（桶狭間古戦場公園）

「敵を騙すにはまず味方から」信長の「機密保持策」

実は、信長が機密漏洩を極度に警戒したためにできごとがもう一回ある。

それが、天正三（一五七五）年五月二一日に武田方と死闘を繰り広げた長篠《ながしの》・設楽原《したらがはら》の戦いの前夜、すなわち五月二〇日の軍議の場面である。

このときは、信長と徳川家康の連合軍なので、前夜、信長の重臣たちと家康の重臣たちを交えての軍議が開かれている。その合同軍議の場で、家康の重臣筆頭酒井忠次が、「長篠城の付城として武田方が築いた鳶ヶ巣山砦《とびがすやまとりで》を攻めてはいかが」と作戦を進言した。すると信長は、「その方は、三河・遠江の小競りあいには慣れておろうが、このたびは、相手も万を超える大軍。そのような手は通用しない」と一蹴してしまっているのである。

居並ぶ信長の重臣たちの前で恥をかかされた格好の忠次は、すごすごと自分の陣所にもどっている。ところが、陣所にもどるや否や信長からの呼び出しがかかり、「先ほどの作戦みごとである。しかし、あの場でそれを決めると、敵に筒抜けになるおそれがあり、あのようないい方をした。味方にも気づかれぬように鳶ヶ巣山砦への出陣を命ずる」とのことであった。

実際、この酒井忠次隊の奇襲攻撃を受けた鳶ヶ巣山砦の武田軍が麓に追い出され、それに押される形で武田軍主力が設楽原に出て、そこで信長の鉄砲隊の餌食になった。機密保持が長篠・設楽原の戦い最大の勝因といってもいいかもしれない。

難攻不落の稲葉山城を落城させた「ウラ工作」の正体

織田信長の一番くわしい伝記である『信長公記』に負け戦のことが書かれていないので、「信長は一生勝ちっぱなしだった」と思っている人が多い。だが、もちろんまちがいである。実は信長は何度も負けている。『信長公記』の著者太田牛一は信長の家臣で、自分の主人の経歴のキズになる負け戦のことは書けなかったのである。

太田牛一がカットした信長の負け戦の一つが永禄九（一五六六）年閏《うるう》八月八日の河野《かわの》島《じま》の戦いである。

この戦いは、美濃の斎藤龍興軍と信長軍の戦いで、龍興の重臣である氏家直元ら四人が甲斐武田氏の関係者に送った書状（「平井家文書」『山梨県史』資料編四）にくわしく記されており、「信長軍が多数溺死した」とある。

斎藤方の戦勝報告なので、多少は割り引いてみなければならないにしても、信長側の敗北だったことはまちがいない。信長にとっては危機的状況だったはずである。

実はこのとき信長は、永禄三（一五六〇）年五月一九日の桶狭間の戦いで今川義元を倒し、美濃に駒を進めたものの、斎藤義龍の死後、家督をついだ龍興を攻めあぐねていたのである。

かろうじて、木下藤吉郎秀吉の調略によって松倉城（岐阜県各務原市）の坪内利定が織田方に寝返り、今度はこの坪内利定を嚮導役《きょうどう》として木曾川筋の斎藤方部将に懐柔工作をはじめ、近くの鵜沼《うぬま》城や猿啄《さるばみ》城などが織田方となっている。

ちなみに、このとき、信長から坪内利定に知行安堵《あんど》状が出されているが、その副状《そえじょう》を出しているのが秀吉である。永禄八年一一月二日付のこの文書が、秀吉の名前がたしかな史料にみえる最初だ。

河野島の戦いの敗北を受け、信長は力攻めで斎藤龍興を倒すのはむずかしいと考えたものと思われる。もちろん、前田利家ら槍働き隊に攻撃の手をゆるめさせたわけではないが、力攻め以外の手を併用しはじめた。それが龍興家臣への内応工作である。

どういうわけか、『信長公記』にはそのとき進められたはずの内応工作のいきさつが書かれていないので、誰が担当したのか、具体的にどのように進められたかはわからない。突然、「八月朔日、美濃三人衆、稲葉伊豫守・氏家卜全・安藤伊賀守申合せ候て、信長公へ御身方に参るべきの間、人質を御請取り候へと申越し候」と記されているのみである。『信長公記』には年が書かれていないが、この文章の続きからこれが永禄一〇（一五六七）年のことであることがわかる。

この美濃三人衆、すなわち、稲葉良通・氏家直元（卜全）・安藤守就の三人の寝返りを受け、信長は同年八月一五日、難攻不落といわれた稲葉山城を落とすことに成功するのである。流れから推して、内応工作を進めたのは秀吉だったと思われる。

宣教師も驚いた「二条城スピード築城」の舞台裏

永禄一一（一五六八）年九月七日、織田信長は自ら尾張・美濃・伊勢の大軍を率いて岐阜を出発し、上洛《じょうらく》のための軍事行動をおこした。早くも一二日には近江の六角承禎《じょうてい》の支城箕作城を落とし、翌一三日には承禎・義弼《よしすけ》父子は観音寺城を捨てて甲賀郡へ逃れていった。

そこで信長は家臣の不破光治を使者として岐阜にいた足利義昭を迎えにやり、ついに二六日、信長は義昭を奉じて入京に成功した。そして一〇月一八日、義昭は征夷大将軍に任命され、京都六条の本圀寺《ほんこくじ》を将軍の仮御所としたのである。

義昭の将軍擁立という目標を果たした信長は、二六日に岐阜にもどっているが、本圀寺の仮御所にはわずかの兵しか残していなかった。信長としては、まさか将軍の仮御所に攻め寄せてくる勢力があるとは考えていなかったものと思われる。

年があらたまって永禄一二（一五六九）年正月四日、三好三人衆（三好長逸《ながゆき》・三好政康・岩成友通《いわなりともみち》）が京に攻め入り、本圀寺を囲んだ。将軍義昭危急の報が岐阜に到着したのが六日のことで、信長は大雪の中を急きょ出陣し、ふつう三日かかる行程を二日で京に到着した。その間、義昭の親衛隊が何とか本圀寺を守りぬいている。その中に明智光秀もいた。

信長軍が駆けつけたため、三好三人衆らは兵を引いていったが、いつまた攻められるかわからない。そこで信長は大軍に攻められても守ることのできる将軍邸の必要を痛感した。というのは、本圀寺はあくまで将軍の仮御所にすぎなかったのと、従来、歴代将軍邸は城構えではなかったからである。将軍が攻められることは想定していなかった。しかし、実際に将軍を攻撃する勢力があらわれたわけで、信長による新しい将軍邸が築かれることになった。これが二条城である。

二月二七日に二条城造営の御鍬初《おくわはじめ》が行われている。

二条城は、それまで斯波氏の居館があったところに、大規模な築城工事を行ったものだ。尾張、美濃、伊勢はもとより、近江、山城、摂津、河内、大和、和泉、若狭、丹後、丹波、播磨、三河の一四カ国の人びとが動員され、信長自身も工事現場におもむいて工事を督励したことが知られている。

突貫工事の結果、四月には竣工《しゅんこう》した。

当時京にいたポルトガル宣教師、ルイス・フロイスも工事の速さにびっくりした。『日本史』の中で、「少なくとも二、三年はかかると思われたものを、彼はほとんどすべてを七〇日間で完成した」と記しているほどである。

このあと、信長は四月二一日に京都を後にしているが、堅固な二条城を攻める勢力はあらわれなかった。

「絶体絶命のピンチ」への対処法にみる「凡将と名将の違い」

元亀元（一五七〇）年四月二〇日、織田信長は大軍を率いて越前の朝倉義景討伐の軍を起こした。信長の上洛命令を無視し続けている義景を討つためである。

二五日には若狭から越前に進み、敦賀の朝倉方支城である天筒山《てづつやま》城を難なく落とし、さらに翌二六日には金ケ崎《かねがさき》城を攻め落とし、木ノ芽峠を越えはじめた。木ノ芽峠を越えれば、朝倉氏の本拠一乗谷はすぐそこである。

ところが二七日、信長にとって全く予期しないことが起こった。信長が自分の妹お市の方を嫁がせ、同盟を結んでいた北近江の戦国大名、浅井《あざい》長政が反旗を翻したという情報が入ったのである。

ちなみに、このとき、お市が夫長政の謀反を兄信長に伝えるため、両端をひもでしばった小豆の袋を陣中見舞いとして送り、それに信長が「袋のネズミだ」と気がついたというエピソードが伝えられているが、どうも創作された話のように思われる。

近江の浅井長政が朝倉義景と組んだわけで、信長は完全に退路を断たれた。絶体絶命のピンチである。このような場合、ふつうの武将ならばそのまま突っこんでいくことが多い。背後の浅井勢に備えて若干の兵を残し、本隊は目の前の敵、朝倉勢に突撃していくものと思われる。

しかし、信長は違っていた。即刻、撤退を決めているのである。

信長としては、「こんなところで挟み撃ちにあうのはご免だ」という思いと、自分の目標である「天下布武」の実現のために、「こんなところで死ぬわけにはいかない」という強い信念があったのであろう。

戦国時代、武将たちの意識の中には、勝つも負けるも時の運といった思いがあった。また、負けたら負けたで、潔く自害するのが当然と彼らは考えていた。

たとえば、周防の戦国大名、大内義隆は、家臣の陶《すえ》隆房（晴賢《はるかた》）の謀反にあったとき、「弓矢を取り、戦場に入りて、切りまけ候へば、自害に及び候事、侍の本用に候」（『大内義隆記』）といって自害している。たしかに潔い死に方であるが、信長は生きることに執着し、撤退を命じているのである。

このとき信長は、木下秀吉・明智光秀・池田勝正の三人を殿《しんがり》として金ヶ崎城に残した。その上で、琵琶湖の東岸は浅井領で通れないため、西岸朽木《くつき》越えで京都に逃げもどっている。

なお、このときは前記の三人が殿をつとめたが、その後、池田勝正は没落し、光秀も山崎の戦いで秀吉に負けた。そのため金ヶ崎の手柄は秀吉が独り占めする形となり、「藤吉郎金ヶ崎の退き口《のぐち》」として、秀吉の武功の一つに数えられている。

それにしても、出陣のとき、京都の町衆が多数見物する中、威風堂々と出かけた信長が、帰ってきてみれば、従う者はわずか一〇人というありさまで、ふつうに考えれば、みっともないことこの上ない。しかし、このときの勇気ある撤退が、その後の信長の躍進につながったことも事実である。

時には撤退を選ぶのも危機管理策の一つとしてカウントしてよいのではなかろうか。

危機に際して冷静さを保つ「乱世ならではの秘術」

よく、「にっちもさっちもいかなくなる」などという。漢字で書くと「二進も三進も」である。似たような表現に「四面楚歌」という言葉がある。

こうした悩みごとがいくつか重なるような状況に置かれると、ふつうの人間はパニックに陥りやすい。

戦国武将たちも、こうした「四面楚歌」の場面をたびたび経験している。

武将たちは、パニックに陥らないためにどのような工夫をしていたのだろうか。ここでは、織田信長を例に見ておきたい。

ことの発端は元亀元（一五七〇）年六月二八日の姉川の戦いである。この戦いは、周知のように、織田信長・徳川家康連合軍が浅井長政・朝倉義景連合軍を破った戦いである。

「勝ったのになぜパニックになるのか」と疑問に思われる向きもあるかもしれない。

この時、信長は、勝つには勝ったが、浅井・朝倉の息の根を止めるまでには至らなかったのである。

浅井長政が居城小谷城《おだに》に逃げもどったとき、追撃をせず、兵を引いている。信長としては「小谷城を落とすのは容易ではない。あとで」と考えたわけであるが、これを、信長の敗退と勘ちがいした勢力があり、ややこしくなった。勘ちがいが歴史を変えた一つの事例でもある。

信長の敗退と勘ちがいしたのは、三好長逸、三好政康、岩成友通のいわゆる「三好三人衆」である。彼らが旧領回復の好機とばかり、阿波から摂津に兵を送りこみ、公然と信長に敵対しはじめたので、ややこしくなったのだ。

負けていない信長が、三好三人衆を追い払うため、大軍を率いて摂津に出陣した。これによってもう一つの大問題がもちあがった。何と、石山本願寺の顕如が信長との戦いに立ちあがったのである。

それまで、本願寺の門徒が組織する一向一揆が公然と信長に戦いを挑むということはなかったが、ここに至って、全面戦争となった。同年九月六日、顕如は諸国の門徒に信長と戦うことを命じている。世にいう「石山合戦」のはじまりである。

その後、ひそかに将軍足利義昭と手を結んだ武田信玄も浅井・朝倉を支援し、比叡山延暦寺も信長に敵対。信長にとってはまさに「四面楚歌」であり、「二進も三進もいかなく」なった。

これだけ、まわりが敵だらけになると、ふつうの人間であればパニックに陥るところであるが、信長は悩みの種を一つひとつ取り除く戦法をとった。

まず、元亀二（一五七一）年九月一二日、比叡山延暦寺を焼き討ちし、ついで、天正元（一五七三）年四月一二日に武田信玄が病死したのを受けて、七月一八日、足利義昭を宇治槇島城に攻め、義昭は西国へ落ちていった。

そして、その次の各個撃破の相手として信長が選んだのが越前の朝倉義景で、義景は八月二〇日に自刃している。ついで信長は近江の小谷城を攻め、九月一日、浅井長政も自刃しているのである。

悩みごとをいっぺんにしょいこみ、それを一度に解決しようとすれば、パニック状態に陥るのは目に見えている。

信長が、各個撃破戦術をとって、苦境を乗り切ったことは、危機管理のモデルケースといってよいだろう。

「長篠の戦い」信長圧勝を演出した「鉄砲以外の勝因」

天正三（一五七五）年五月二一日、織田・徳川連合軍と武田軍との戦いが三河の長篠・設楽原で繰り広げられた。歴史の教科書にも大きく取り扱われている「長篠の戦い」である。

通説では、この戦いで織田信長が三〇〇〇挺《ちょう》の鉄砲を用意し、馬防柵で武田勝頼率いる武田騎馬隊を食い止め勝利したということで、大量の鉄砲と、鉄砲の三段撃ちが勝因とされてきた。

もっとも、近年の研究で、鉄砲三段撃ちについては見直しが進められている。鉄砲三〇〇〇挺は実際は一〇〇〇挺かもしれず、また、従来いわれていた、鉄砲一〇〇〇挺ずつ三段に並び一〇〇〇挺一斉に火をふいたとする三段撃ちはなかったとされ、三挺一組で交代し、間断なく玉が飛び出る仕掛けだったとされている。

しかし、その場合でも、織田・徳川連合軍側の鉄砲の数が武田側を圧倒していたとする理解には変わりがなく、鉄砲の数のちがいが勝敗を分けたと考えられてきた。

ところが、この長篠・設楽原の戦いにおける連合軍側の勝因として、鉄砲の数の多さだけでなく、別の要因もあったのではないか、と考えられるようになっている。

そう考えられるようになったのは、「鉄砲の玉」が理由である。

鉄砲の玉は基本的に鉛である。ときに鉄玉もあるがほとんどは鉛玉である。そして、その鉛は国内で産出されたものと考えられてきた。

ところが、たとえば、設楽原古戦場から出土した一七個の鉛玉と長篠城址《し》から出土した三〇個の鉛玉を分析すると、国内産だけでなく、中国産・タイ産の鉛が使われていることが明らかになったのである。

中国産・タイ産の鉛ということになると、それを入手できるのは堺を押さえ、南蛮貿易を握っている信長ということになる。

鉄砲そのものは武田側も手に入れることはできたと思われる。だからこそ、武田勝頼も鉄砲は装備していた。しかし、鉄砲の玉はどうだったろう。信長が移出制限をしていれば、鉛玉はあまり武田側に入ってこなかったのではなかろうか。

そのことは火薬の原料である硝石についてもいえる。硝石は鉛以上に東南アジア諸国からの輸入に頼っていたわけで、堺だけではなく、九州の港も窓口になったと思われるが、ここでも、武田氏にくらべ、堺を押さえている信長側が圧倒的に有利だった。

どうやら、鉄砲の数だけでなく、鉛や硝石の移出を制限していたことが、長篠・設楽原の連合軍側の勝因の一つだったといえそうである。

信長にみる「従わない家臣」への「毅然とした対応」

戦国武将の中で、最初に兵農分離に踏みきったのは織田信長である。

それまでの戦国大名家臣団は兵農未分離であった。半農半士などといわれるように、平時、つまり戦いのない時には農業経営に携わり、「いざ戦い」という時だけ、武具に身を固め、武器をもって出陣する形である。「一領具足」などとよばれる土豪、すなわち地侍が主体の家臣団ということになる。

なお、信長は居城を次から次へ移したことでも知られているが、これは、兵農分離がある程度進んでいたからできたことだ。清須城のころは親衛隊にあたる家臣が城下に集住するだけであったが、次の小牧山城、さらに岐阜城となると全家臣団の城下集住となり、それは安土城で完成した形である。

ところが、その全家臣団の城下集住が、あの信長をもってしても、一朝一夕に進まなかったことが『信長公記』から浮かびあがってくる。『信長公記』巻一一は天正六（一五七八）年のことが記されているが、その正月二九日のこととして興味深いできごとがみえる。周知のように、信長は天正四年から安土城の築城にかかり、安土城下を築いて家臣団を集住させている。

その安土城下でその日火事があった。弓衆の一人、福田与一という者の家が火元だったということで、信長は出火の原因を調べさせているが、この福田与一は妻子を美濃の自分の家に置いたまま、単身赴任の形で安土に移り住んでいたことがわかった。『信長公記』

にはくわしい原因については書かれていない。おそらく、慣れない台所仕事のため、火を出してしまったのではないかと思われる。

それだけであれば、危機管理ということにはならない。『信長公記』にはその先、驚くべきことが書かれているのである。

何と、信長は、家臣の菅屋九右衛門を奉行として、福田与一と同じような単身赴任者がいるかどうか調査させており、弓衆で六〇人、御馬廻衆で六〇人、合計一二〇人が妻子を国もとに残していたことが判明したのである。

妻子を残しているということは、自分たちの屋敷に住み、夫は単身赴任で武士として安土に出ていったが、妻子はそれまで通りの農業経営を続けていたというわけである。

自ら推進している兵農分離政策が貫徹していなかったことが明らかになり、信長が怒ったのはいうまでもない。

その怒りはすさまじく、信長は驚くべき行動にでた。

彼はすぐ岐阜城にいる長男の信忠に連絡をとると、妻子を残してきている一二〇人の家を、すべて焼き払わせているのである。その結果、『信長公記』が記すように、「百廿人の女房共安土へ越し申候」として一件落着となった。

苦手分野でこそ発揮された「常識破りの発想力」

織田信長は伊勢湾を経済的な基盤としながらも、意外なことに水軍を組織するのは遅かった。永禄一〇（一五六七）年からはじまる伊勢侵攻のとき、北畠氏の配下にあった志摩水軍の九鬼嘉隆《くきよしたか》を味方につけてから、ようやく水軍を組織したのである。

嘉隆は同一二（一五六九）年の伊勢大河内《おかわち》城攻めに船手の大将として活躍し、以降、織田水軍の中心となった。

信長が石山本願寺と敵対関係になったとき、本願寺を取りまく形で砦を築き、兵糧攻めの態勢をとった。天正四（一五七六）年五月のことである。信長は本願寺側が兵糧に窮し音を上げるのを待ったのであるが、このとき、本願寺方にくみした毛利輝元が、毛利水軍を使って本願寺に兵糧を送りこむ動きに出た。

毛利水軍の主力は村上元吉・乃美《のみ》宗勝で、何と八〇〇隻（一説に六〇〇隻）もの大軍で大坂湾の木津川河口に姿をあらわした。

信長も水軍を組織し、阻止するために海上封鎖を行った。

ところが、織田水軍は二〇〇隻（一説に三〇〇隻）で、数も少なく、また、毛利水軍の放つ火矢や焙烙《ほうろく》火矢（手投げ弾）の攻撃を受け、完敗した。武器・食糧が本願寺に運びこまれるのを織田水軍は阻止できなかったのである。

毛利水軍が放つ火矢や焙烙火矢によって船が燃え、沈んでいく様子をみた信長は「燃えない船を造れ」と命じている。命じられたのが九鬼嘉隆であった。

常識的に考えて、船は水に浮かぶ木で造られている。木は火に弱いわけで、燃えない船などできるわけがない。

これは信長の発想だったのか、九鬼嘉隆の発想だったのかわからないが、人間に鉄製の鎧《よろい》があり、馬にも馬鎧というものがある。「船に鉄製の鎧を着せればいいのではないか」と考えたのではなかろうか。まさに発想の転換である。

こうしてできたのが「鉄張り軍艦」、すなわち「鉄甲船」である。

全長約二二メートルといわれるので、当時としては巨大軍艦といってよい。それを六隻も造らせている。六隻とも大砲三門ずつを備えていたという。

天正四年七月の第一次木津川口の戦いに対し、二年後の同六年一一月の戦いは第二次木津川口の戦いとよばれているが、このとき毛利水軍六〇〇隻で前回と同じように織田水軍の船に火矢と焙烙火矢で攻めかかった。

だが、鉄甲船には通用せず、逆に、鉄甲船から放たれる大砲の弾に当たって次々に沈められる結果となった。

この勝利によって織田水軍は大坂湾の制海権を獲得し、補給路を断たれた石山本願寺の方は朝廷の斡旋で講和を受け入れることになった。講和といっても、これは事実上の本願寺側の敗北である。

二　豊臣（羽柴）秀吉に学ぶ「敵を味方につける方法」

木下から羽柴への「改名」に秘められた驚きの理由

羽柴秀吉、すなわち、後の豊臣秀吉は、はじめ木下藤吉郎秀吉と名乗っていた。木下から羽柴への改姓は天正元（一五七三）年のことで、「羽柴藤吉郎」の文書における初見は同年七月二〇日付の大山崎惣中宛の書状（「離宮八幡宮文書」）である。

このとき、なぜ、木下から羽柴に名字を変えたのか、秀吉自身の考えを記したものは見あたらないが、通説としていわれているように、柴田勝家および丹羽長秀という二人の宿老と肩を並べるようになった秀吉が、二人の名前から一字ずつ借りることで、御機嫌をとった、もっといえば胡麻《ごま》を擂《す》るためだったと思われる。

そしてその二年後の天正三（一五七五）年七月三日、秀吉は筑前守に任官する。『信長公記』には、明智光秀が日向守に任官したことはみえるが、秀吉については書かれていない。しかし、その頃から秀吉発給文書に筑前守と書かれているので、光秀と同時に任官したものと考えられる。

以後、同一〇（一五八二）年一〇月三日に従五位下・左近衛権少将に任官するまで、秀吉はずっと受領名の筑前守を称し続けたと考えられてきた。

ところが、近年の研究によって、秀吉がその後、筑前守の受領名を返上し、元の藤吉郎にもどっていることが明らかにされたのである。

ここに秀吉の危機管理術を読みとることができる。

具体的に筑前守から藤吉郎にもどるのは天正六（一五七八）年一一月ごろからである。その契機は何だったのだろうか。

周知のように、秀吉は同五年一〇月、「中国方面軍司令官」として播磨に乗り込み、毛利氏との戦いの最前線に立たされたわけであるが、翌年二月に、早くも三木城主別所長治が信長に離反し、一〇月には摂津有岡城主荒木村重が離反し、さらにそれにつられて播磨御着《ごちゃく》城主の小寺政職《まさもと》までが離反するという事態となった。

しかも、このとき、黒田官兵衛が荒木村重を説得に行ったところ、そのまま有岡城に幽閉されてしまったのである。

織田信長は官兵衛も裏切ったと判断し、人質に取っていた官兵衛の子、松寿丸を殺すよう命じ、それを竹中半兵衛が殺さず生かした、という話はよく知られている。

秀吉にとってこの一連のできごとはまさにゆゆしい事態であった。信長の怒りをやわらげるため、自ら、筑前守から元の藤吉郎への降格を申し出たものと思われる。

そして、ほとぼりがさめた頃を見はからい、同九（一五八一）年七月ごろから再び筑前守を名乗るようになったのである。

秀吉の天下統一を支えた「経験から学ぶ思考法」

天下統一の覇者といわれる織田信長・豊臣秀吉・徳川家康の三人については、何となく「一生、勝ちっぱなしだったのではないか」といったイメージがある。しかし、実際のところは、負けた戦いもあるし、勝った戦いでも、ほぼ負け戦だったのをようやく勝った、という戦いも少なくない。

信長の家臣だった時代、まだ羽柴秀吉といっていたときの播磨三木城攻め（兵庫県三木市）は、その一例といってよいかもしれない。

秀吉による三木城攻めは、秀吉自身の予想をはるかに超えて、何と一年一〇カ月もかかっているのである。ここからが秀吉の危機管理ということになる。

秀吉は、すぐに、「なぜ一年一〇カ月もかかってしまったのか」をふり返り、分析しているのである。これは秀吉流の危機管理といってよい。自分の失敗を反省し、分析し、次の戦略に生かそうとしている姿勢が読みとれる。

三木城攻めのとき、城に兵糧米が運びこまれるのを阻止する手を打っていなかった。そのため、三木城主別所長治は、領内の村々から兵糧米を城に搬入させていたのである。その潤沢だった兵糧米が食べ尽くされるのに一年一〇カ月という歳月を要してしまったというわけである。

しかも、三木城攻めのときは、籠城しはじめた城を秀吉はすぐ包囲してしまったのである。秀吉は、このことが籠城を長びかせることになったと判断した。そこで、次の天正九（一五八一）年の因幡鳥取城攻めでは、三木城攻めのときの反省点をふまえ、新たな戦略を打ち出している。

一つは、戦いをはじめるかなり前に、若狭から因幡に商人を送りこみ、米の買い占めに動いている。百姓たちは、「時価の何倍かで売れる」と、喜んで秀吉に米を売ってしまった。このあと、鳥取城主として入った吉川経家が兵糧米を徴収したときには、ほとんど鳥取城に米が入ってこなかった。

そしてもう一つは、秀吉の軍勢はいきなり鳥取城を包囲するのではなく、まずは村々を襲わせたことである。百姓たちに乱暴したことで、彼らはみな身の安全を求め、鳥取城に逃げこんだ。ただでさえ足りない兵糧米が、非戦闘員の籠城によってみるみる食い尽くされていったのである。

吉川経家としては、冬、雪が降れば、秀吉軍が撤退していくと見ていた。しかし、雪が降るまで兵糧米がもたなかったのである。秀吉の場合、少し前の播磨三木城攻めの反省点を次の因幡鳥取城攻めに生かしたことになる。

よく、「賢者は歴史に学び、愚者は経験に学ぶ」といって、自分の経験をふり返ることを低くみる傾向もあるが、この秀吉の事例を見ると、自分の経験を生かすことが、危機管理につながったことがわかる。

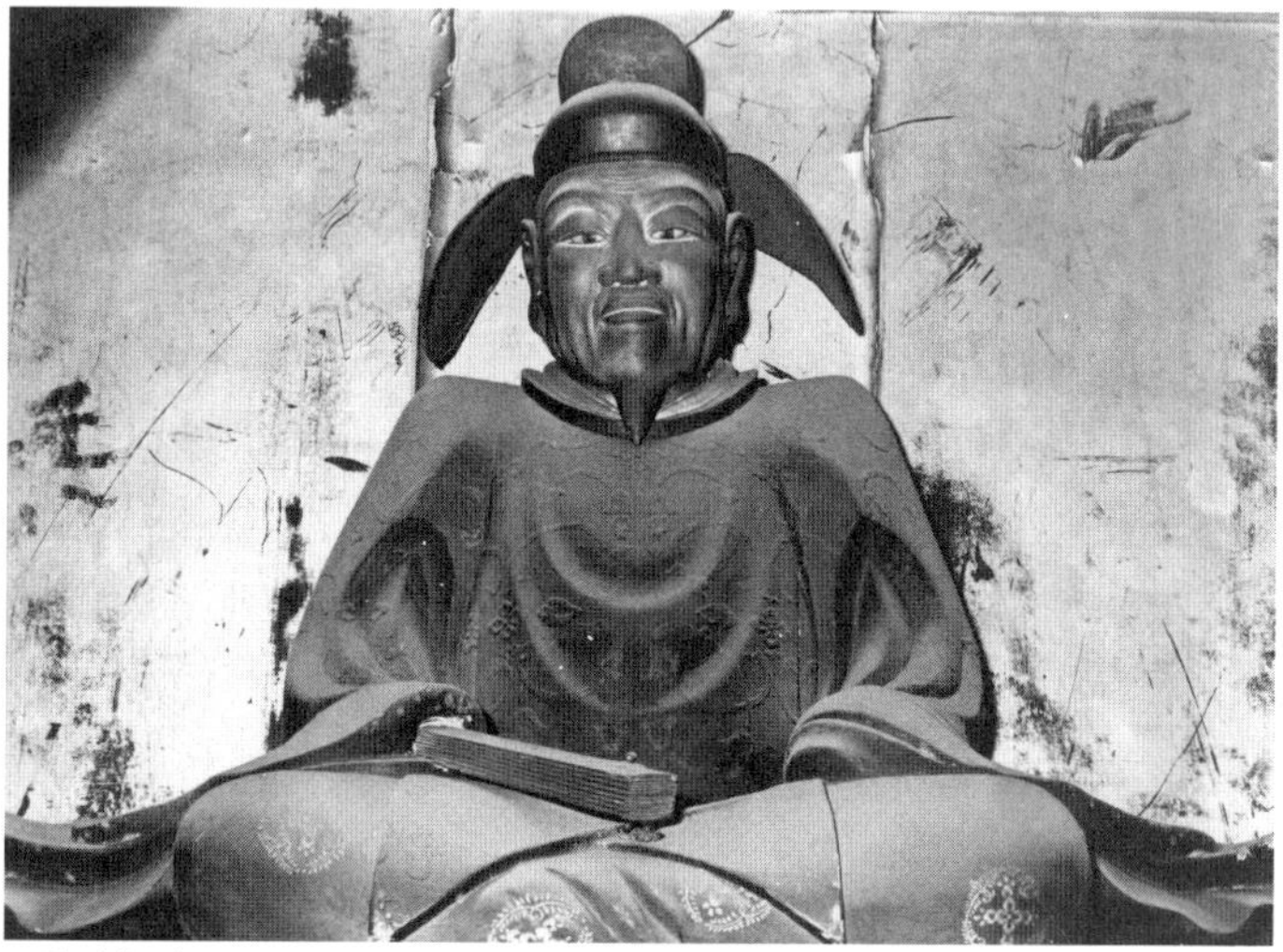

羽柴（豊臣）秀吉木像（木食興山上人作、名古屋市）

も注目される。

戦った相手の「処遇の違い」にみる秀吉の凄さ

戦いのあと、勝った側が攻め取った場所をどう支配していったかは、危機管理の面からも注目される。

ようやく手にした土地ではあるが、戦いの過程で家は焼かれ、人は殺され、田畑は荒らされている。それをどう配分し、どのように統治したかがその後を分けた。

ここでは、荒廃した合戦後の町や村の復興に手腕を発揮した羽柴秀吉を例に、その特徴をみていくことにしたい。

秀吉がまだ織田信長の一部将だった時代、中国方面軍司令官として対毛利との戦いでいくつもの城攻めを行っていた。中でも、後年、秀吉自身が「三木の干殺し《ほしごろし》」といった播磨三木城攻めは壮絶な戦いとして知られている。

三木城攻めは、天正六（一五七八）年から同八年まで、およそ二年近くの長期戦で、秀吉得意の兵糧攻めであった。最後、兵糧がつきた別所側は、城主別所長治が同年正月一七日に、自身の切腹と引きかえに城兵の命を助けることを条件に自害し、落城となった。

注目されるのはそのあとの秀吉の施策である。秀吉はすぐ制札を掲げ、三木の復興をあと押ししているのである。

その制札によると、三木城落城前の借銭、借米は返済しなくてよいとし、また、未進年貢も免除するとしている。さらに、地子《じし》銭も免除というわけなので、思いきった優遇策といってよい。

しかも、それだけでなく、このとき秀吉は、戦乱を避け、四方に逃げのびていた百姓たちが村にもどるよう勧めている。これを「百姓還住策《げんじゅうさく》」などといっているが、荒れた田畑の年貢を一部免除するなどの措置をとっていたことが知られている。

こうした諸政策のおかげで、三木の町と村は戦乱で荒れ果てた状態から比較的短期間に復興を果たしているのである。

この三木の復興のときには前面に出てこなかったが、天正一三（一五八五）年の紀州太田城攻めのあとの復興に際しては、もう一つの政策をとっていたことが知られている。それは、危機管理と合わせ、兵農分離に本格的に取りくんでいた点である。

太田城には土豪すなわち地侍だけでなく、ふつうの百姓もたくさん籠城していた。秀吉は太田城を開城に追いこむと、土豪たちの首を刎《は》ねたが、ふつうの百姓は殺さなかった。殺してしまうと農村復興ができなくなるからである。

このとき、城を出た百姓たちから、刀・弓・槍・鉄砲などの武器を取りあげている。刀狩りの先駆ということになる。それだけではなく、百姓たちに鋤《すき》・鍬《くわ》などの農具や、鍋・釜といった炊事道具などを与えていたのである。百姓たちを武装解除した上で村にもどし、すぐ農作業ができるよう手当てをしていたことが知られている。

秀吉の窮地を救った「敵を味方につける秘策」

天正一〇（一五八二）年六月二日、本能寺の変が起こったとき、秀吉は備中高松城の清水宗治を攻めている最中だった。備中高松城の水攻めとして有名である。

その秀吉の陣所に本能寺の変の第一報が入ったのは翌三日の夕方という。夜とする説もあり、このあたりの正確な時間はわからない。

このとき、主君信長の死を知り、悲嘆にくれる秀吉に、「天下取りの好機ですぞ」と黒田官兵衛がささやいた。我に返った秀吉は、すぐ、毛利方との和平交渉をまとめ、明智光秀を討つための強行軍、いわゆる「中国大返し」がはじまる。

清水宗治が切腹したのは六月四日である。秀吉としては、一刻も早く上方にもどりたいと考えていたが、毛利方の吉川元春・小早川隆景の軍勢が近くにいる間は動くに動けなかった。

結局、六日になって毛利方が撤退していくのを見届け、秀吉の軍勢も撤退を開始している。

注目されるのは、秀吉がまだ高松城攻めの陣所にとどまっている五日付で、摂津の茨木城の中川清秀宛てに、味方になるように誘う手紙を出していることである。

その手紙（「梅林寺文書」）には、「上様ならびに殿様、何も無御別儀御きりぬけなされ候。ぜゝか崎へ御のきなされ候」と書かれている。

「上様」は信長のこと、「殿様」は信長の嫡男信忠のことで、秀吉は中川清秀に、「信長様・信忠様は切りぬけ、近江の膳所《ぜぜ》に逃れて無事である」と書き送っていたのである。

信長は本能寺で自害し、信忠も本能寺近くの二条御所で自害しているので、これは、秀吉がうその情報を流していたことになる。よく、「敵をあざむくには味方から」などといわれるが、この場合、中川清秀は味方ではなかったにしても、秀吉はどちらにつくか迷っている武将に対し、偽情報による攪乱作戦を取っていたことが知られている。

ふつうに考えれば、備中にいる秀吉より、京都に近い摂津の方が情報は入りやすかったと思われるが、突然の信長横死という非常事態で、情報が混乱していたというのも一因だったのであろう。

また、こうしたうその情報がそのまま信じられたのは、本能寺で、信長の遺骸が見つかっていないという情報が流れていたからかもしれない。

いずれにせよ、中川清秀は、この秀吉からの偽情報を信用してしまった。清秀は、本来、明智光秀の与力《よりき》大名だったので、光秀につく立場であったわけであるが、秀吉の戦略にはまり、秀吉方についているのである。

そしてもう一つ、このとき、秀吉は駄目押しともいうべき行動をとっていた。危機的状況にあたって、これだけの行動をとれるのも、日ごろから危機管理を意識していたことのたまものであろう。

何と、秀吉の軍師黒田官兵衛が、小早川隆景から、毛利の旗を二〇本借りているのである。

その旗を尼崎あたりまでもどってきたところで、秀吉軍の先頭に立てた。これを見て、「毛利も秀吉に味方したのか」とびっくりした池田恒興・高山右近らが秀吉陣営に加わってきたのである。秀吉から「信長様はまだ生きている」とうその情報を届けられていた中川清秀も秀吉のもとに駆けつけてきたことはいうまでもない。

「大坂城普請五カ条の掟」という「危機管理マニュアル」

羽柴秀吉は天正一一（一五八三）年四月の賤ヶ岳《しずがたけ》の戦いで柴田勝家を破り、織田信長の後継者としての地位を確固たるものとすると、大坂に新しい城を築くことを計画する。

実は、信長も石山本願寺のあった大坂の地に注目し、重臣の丹羽長秀と一族部将・織田信澄に預けていたという経緯があった。

前年の清洲会議の結果、摂津は池田恒興に与えられたが、恒興は大坂ではなく、有岡城に入っていた。賤ヶ岳の戦いに勝利した秀吉は、信長が注目していた大坂に城を築きたいと考え、恒興を美濃に移し、摂津を自分の領国とした上で大坂城の築城にかかっている。

このとき、大坂城の普請総奉行を命ぜられたのが黒田官兵衛であった。普請総奉行というだけでなく、縄張も官兵衛が担当したといわれている。

築城工事はその年九月一日からはじまるが、その直前、八月二八日付で、秀吉は官兵衛に「普請石持付而掟」と題する五カ条の「掟」を示している（「光源寺文書」）。

これは、石垣の石を運ぶ人足たちが効率よく作業できるように指示したマニュアルということになるが、トラブルを未然に防ぐための、いわば築城時の危機管理としての意味をもっていたと思われる。

注目されるのは、その第三条に、

いしもち候て帰り候者ハ、かたより候て通るべし。おもき石ニハ、かろき石かたよるべき事。


とある点である。これから石を運ぶ人足と、積み終わってもどる人足とが一本の道でぶつかりあうことを想定し、片側通行を指示した内容となっている。

この「掟」以前に片側通行を指示した文書があれば別であるが、もしかしたら、この「掟」が片側通行の最初の例かもしれない。

また、第四条では、

けんくわ口論之在るに於いては、くせごとたるべし。但し、一方堪忍在り、筑前守ニ言上せらるに於いては、雑言仕懸候者くせごとたるべき事。

と規定し、けんか、口論を抑止していたことがうかがわれる。

秀吉は、この大坂城築城以前、墨俣《すのまた》城や長浜城、さらには山崎城というように、いくつもの築城を経験しており、その際に発生した築城に携わる人足同士のトラブルを実際に目にしていたのであろう。

大規模プロジェクトになる大坂城の築城にあたって、あらかじめトラブルになりそうなことがらについての禁止項目、注意事項を書きあげていたわけである。実際、毎日五万人を超える人足が動員された工事で、これといったトラブルが起きた形跡はない。

「刀狩令」に隠された秀吉流危機管理の「真骨頂」

豊臣秀吉は天正一六（一五八八）年七月付で三カ条の「条々《じょうじょう》」を出した。その冒頭第一条は、「諸国百姓等、刀・わきさし・弓・やり・てつはう、其外武具のたくひ所持候事、かたく御停止候」ではじまる。有名な「刀狩令」である。

秀吉がこの時期、刀狩令発令に及んだ理由については、民衆の武装解除をねらったものというのが一般的な受けとめ方であった。それは、刀狩令に、百姓たちの一揆を未然に防ぐためという記述があったからである。

具体的には、第一条に続く文章で、「其子細は、不入《いらざる》たうくあひたくはへ、年貢所当を難渋せしめ、自然一揆を企、給人に対し非儀之動をなす族、勿論御成敗あるへし」とある。よけいな道具を蓄えて、年貢や税を滞納し、一揆を企て、領主に対して反抗する者は成敗する、といった内容だ。

この点は、奈良・興福寺の僧が書き記した『多聞院日記』でも、「大仏のくぎにするということであるが、本当は一揆を停止するためだ」と指摘されていることからも明らかである。

ところが、その『多聞院日記』には、もう一つ注目される記述がある。『多聞院日記』の天正一六年七月一七日条を原文のまま記すと、「現ニハ刀故及闘争、身命相果ヲ為助之」とみえる。これは、「百姓が刀を持っているが故に、争いのとき命を落とすことが多いので、それをやめさせるため」という意味だ。

当時、百姓たちが武器を所持し、紛争解決の手段として武器が使われていたことを重視し、「紛争解決の手段として武器を使ってはならない」という命令だったことがうかがわれるのである。

つまり刀狩令は、領主に対する一揆を未然に防ぐためというだけでなく、それまで紛争解決の手段として武力によっていたことそのものを否定する動きだったとみることもできる。

この点を重視した歴史学者の神田千里氏は『宗教で読む戦国時代』(講談社)の中で、法治国家への歩みの出発点となったものであると述べている。

そうした視点であらためて刀狩令を読み返してみると、第三条の次の記述が注目される。

(前略)異国にてハ、唐尭のそのかミ、天下を令鎮撫、宝剣利刀を農器に用と也。本朝にてハためしあるへからす。此旨を守り、各其趣を存知、百姓は農桑に精を入へき事。

ここに「唐尭のそのかミ」とあるのは、「唐の尭帝の故事」を指す。古代中国の皇帝の治世で、剣や刀を農具につくり直させたという。秀吉の刀狩令は、その政策に倣ったものだということがわかる。

第三条の最後に、「本朝にてハためしあるへからす」と記されており、国内でははじめてのことだと秀吉は胸を張っている。だが、一説には、その前に、柴田勝家が越前で刀狩を行い、集めた刀で九頭竜川の船橋をつなぐ鎖にしたといわれている。

いずれにせよ、秀吉の刀狩令によって、全国的規模で、人びとが武器を持ちながら、それを紛争解決の手段には使わないという流れになったことはたしかである。

「ライバルは敬して遠ざける」秀吉にみる「人材配置の秘訣」

天正一八（一五九〇）年の豊臣秀吉による小田原攻めによって、最後まで抵抗していた戦国大名北条氏が滅ぼされた。これによって、葛西・大崎一揆、九戸政実の乱といった奥州の抵抗勢力の鎮圧を残して、秀吉による天下統一が成ったことになる。

そして秀吉は、この小田原攻めの論功行賞という形で、徳川家康を北条遺領の関東へ転封させている。これは、秀吉なりに計算した危機管理だったといってよい。

周知のように家康は、かつての秀吉の主君だった織田信長の同盟者だった。秀吉が織田政権簒奪《さんだつ》の動きを露骨に示しはじめた段階では、信長の次男だった織田信雄《のぶかつ》と手を組んで、小牧・長久手の戦いで敵対していた相手である。

その後、秀吉は自分の妹旭姫を家康に嫁がせるなど、懐柔することに成功し、家康も秀吉に臣従する形で、小田原攻めにあたっても、その先鋒《せんぽう》をつとめるなど、豊臣政権樹立に貢献していた。

しかし、秀吉にとって、家康は決して心を許せる相手ではなかったのである。できれば敬して遠ざけたいとの思いがあった。それが家康の関東への転封だったのである。

それまでの家康の所領は駿河・遠江・三河・甲斐・信濃の五カ国なので、「関八州」などといわれる関東への転封はたしかに栄転ではあった。

しかし、家康にしてみれば、関東は直前まで抵抗していた北条氏が支配した土地であり、喜んで転封に応じたわけではない。

秀吉にしてみれば、「もしかしたら支配に失敗するかもしれない」という期待もあったかもしれない。将来、ライバルになりそうな家康の力を殺《そ》ぐねらいがあったことは明らかである。

その上で、秀吉は二つのことをしている。

一つは、会津若松に蒲生氏郷を入れたことである。これは、家康と伊達政宗が連携しないように打ちこんだ楔《くさび》といってよい。

そしてもう一つが、関東の家康を包囲するような形で、自分の息のかかった大名を配置したことである。駿府城・甲府城・小諸城・沼田城で、これらの城には、豊臣政権の象徴ともいうべき金箔《きんぱく》瓦を葺《ふ》いていた。

家康が関東転封で江戸城に移ったあと、それまで家康の居城だった駿府城に入ってきたのは、秀吉腹心の中村一氏だった。従来、一氏は家康が残していった駿府城にそのまま入ったと考えられてきたが、駿府城公園の発掘現場から、家康時代のものとは異なる石垣と、大量の金箔瓦がみつかった。秀吉の命を受けた一氏が、家康を威圧するため、豊臣系の金箔瓦を葺いた天守を建造していたことが明らかになった。

秀吉なりに、絢爛《けんらん》豪華な城を家康領との境に築かせることで、家康を封じ込めようとしたのである。

三　徳川家康に学ぶ「負け戦の作法」

逃げ隠れせず堂々と撤退した家康の「沈着冷静さ」

松平元康、すなわちのちの徳川家康は、永禄三（一五六〇）年五月一九日の桶狭間の戦い当日、尾張の大高城（名古屋市緑区大高町）にいた。

元康は前日、今川軍の先鋒として大高城の兵糧入れをし、一九日未明の鷲津砦を落とす戦いにも加わり、あとは今川義元本隊の到着を待つだけであった。

ところが、予定の時刻になっても義元の姿はみえず、そのうちに「途中、桶狭間のあたりで、義元様は織田信長の軍勢の奇襲を受けた模様」といううわさが流れてきた。

元康もそれを耳にしたが、「それは敵の謀略だ」と相手にしなかった。たしかに、当時、そうしたうそのうわさを流して敵を攪乱することは、戦略としてよくとられていたからである。

しかし、あたりが薄暗くなっても義元本隊が到着する気配はなく、元康も心配になって物見を出した。物見の報告では、たしかに桶狭間周辺で今川軍の死者が多くみられ、「あのうわさは本当だった」ということになった。

このような場合、ふつうならば、「ここにいたら危ないから、すぐ三河に逃げよう」と城を出てしまうところである。

が、元康は違っていた。落ち武者狩りを警戒し、大高城にとどまったのである。この深謀遠慮が元康とその家臣たちの命を救うことになる。

夜中、織田方の水野信元が家臣の浅井六之助道忠を使者として、「早く三河へもどった方がよい」と忠告してきた。この水野信元は元康の母お大の方の兄だ。信元が織田方になってしまったので、元康の父広忠はお大を離縁し、元康はたった三歳で母と生き別れになったこともよく知られている。信元としては甥《おい》の元康を心配して使者をよこしたのである。

ふつうならここで、「これは大変だ」と、城から逃げ出すところであろう。元康の置かれていた状況はまさに絶体絶命のピンチだったのである。

このとき、何と、元康は、その使者、浅井六之助を抑留しているのである。そして、夜が明け、明るくなったところで、浅井六之助を先頭に立て、「われらは水野信元家中の者である。道を開けろ」と、堂々と三河岡崎目指して撤退していった。

もし、夜中、こそこそ逃げるように大高城を出ていれば、途中、落ち武者狩りにあったかもしれない。戦国時代、負け戦になったとき、落ち武者狩りにあって命を落としたという例は少なくない。

元康が、大高城から無事に岡崎に帰還できたのは、この先を読む力と、泰然自若とした態度にあったといってよい。ちなみに、このとき、元康はまだ一九歳だった。

岡崎にもどったものの、岡崎城には今川の兵がまだ駐屯していた。しかたなく元康は菩《ぼ》提寺《だいじ》である大樹寺に入った。そこで住職から「厭離穢土《おんりえど》　欣求浄土《ごんぐじょうど》」の八文字をもらっている。その後、四文字ずつにして二本の旗にし、これを軍旗としている。元康は今川の兵が去ったあと、岡崎城に入城した。

「将軍への贈り物」でピンチを脱した家康一流の「気配り術」

徳川家康がまだ松平元康といっていたとき、第一三代将軍足利義輝に馬を献上したことがあった。

馬といっても、ふつうの馬ではなく、「早道馬」といわれる飛脚用の馬で、当時としても貴重な馬だったと思われる。

家康が将軍に馬を贈った理由が、実は、家康一流の危機管理策だったのである。

家康は永禄三（一五六〇）年五月一九日の桶狭間の戦いで、今川義元が織田信長に討たれるまで、今川家の人質で、家臣の扱いを受けていた。本来、松平家は西三河の独立した戦国大名であったが、家康の父松平広忠のとき、義元の保護下に入り、竹千代といっていたのちの家康を人質に出していたのである。

義元の死を契機にして岡崎城にもどった家康は、それまで今川家に従属していた状態から、以前の独立大名にもどることを考え、義元の子、氏真からの離反に動きはじめる。そうした動きの背景に水野信元の働きかけがあったことも知られている。

水野信元は家康の母お大の方の兄で、そのころは織田信長の重臣の一人になっていた。

家康は、そのまま今川家に従属したままでいるか、信長と手を結んで三河で独立するかの二者択一をせまられ、結局、独立を志向することになり、今川氏真と手を切りはじめた。

その動きを氏真もすぐ察知した。そのころの氏真文書に「岡崎逆心」とか「松平蔵人逆心」の文字がみられる。力関係でいえば、衰退しつつあるとはいえ、今川家の方が上で、下手をすれば、そのまま今川軍に攻めこまれ、命を取られてしまう可能性もあり、家康にとっては危機に直面する形となった。

そこで家康が考えたのが、将軍足利義輝を間に立てることだった。義輝に和平の斡旋をしてもらおうというのである。

つまり、松平家が本来は独立した大名家であることを将軍に認めてもらい、今川氏真からの攻撃を受けない方向にもっていこうという計算である。

そして、斡旋をしてもらう「手土産」が「早道馬」だったわけであるが、永禄四（一五六一）年三月二八日付足利義輝御内書（「誓願寺文書」）によると、義輝が内々に家康に馬を所望していたようなのである。贈り物をするとき、相手がいま何を一番ほしがっているかをつかむことは大事で、家康はみごとにそれを実践していたことになる。

結局、このあと、家康は徐々に三河の今川方支城を落とし、ついに三河での独立を果たすことに成功するのである。

危機に際して未練なく城を捨てた「家康の判断力」の凄さ

徳川家康は永禄一一（一五六八）年一二月、甲斐の武田信玄と手を結び、間に挟まれた駿河・遠江の戦国大名今川氏真を同時に攻めている。このとき、大井川を境にして、駿河は武田、遠江は徳川が奪い取るという「駿遠分割領有の密約」が結ばれたという。

結果的にはその通りになり、家康はそれまでの領国三河と新たに遠江を支配下に置くことになった。

そうなると、三河の岡崎城では領国全体からみて西に寄りすぎで、また、家康は、織田信長の居城移転のやり方を学ぼうとしたものと思われる。信長は、新しく得た地の最先端に近いところに城を移し、次をねらう根拠地にするというやり方をしていた。

家康も、新しく得た遠江に城を移すことを考え、はじめ、候補地として選んだのが見付《みつけ》（静岡県磐田市）だった。そこは古代以来、遠江の国府が置かれたところだ。室町時代にも、遠江守護となった今川氏の守護所があり、政治の中心だった。家康も見付を候補地とし、翌一二年秋から、城之崎というところを城地として、実際に築城にかかったのである。

ところが、築城にかかったころから、信玄との関係がぎくしゃくしはじめた。「駿遠分割領有の密約」が結ばれていたにもかかわらず、信玄の力が遠江にも伸びはじめてきたからである。

見付は、天竜川の東に位置しており、もし、信玄に攻められれば、天竜川を背にする形で、水量が多いときには、信長の援軍が駆けつけてくることができない。いわゆる「背水の陣」になってしまうわけで、これはきわめて危険である。

このときの家康の決断は早かった。すでに築城工事がはじまっていたにもかかわらず、工事を中止し、天竜川の西に新しい城を築くことにしたのである。

ふつう、ある程度まで築いたところを放棄するのには未練があり、躊躇するところであるが、家康は、天竜川の西にあった今川氏時代の引馬《ひくま》城のところを城地に選び、築城工事をやり直している。

このことが、家康の危機を救うことになった。なお、家康は城の名を引馬城から浜松城に変えている。これも、信長が稲葉山城を岐阜城に変えたことをまねたのかもしれない。

実は、浜松城に移って二年後の元亀三（一五七二）年一二月、家康が危惧した通りになった。信玄が二万五〇〇〇の大軍で遠江に攻めこんできたのである。もし、そのまま見付の城にいたら、信長からの援軍は間にあわなかったかもしれず、そうなると、家康の命も危なかったかもしれない。

たしかに、家康は三方原の戦いで大敗を喫してはいるが、命は取られなかったわけで、築城途中でも場所を移した思い切りのよさが、次につながったといってよいように思われる。

家康が生涯悔やんだ「嫡男・信康切腹事件」の真相

徳川家康七五年の生涯において、最大の痛恨事とされているのが、嫡男信康を切腹させざるをえなかった事件である。「信康事件」とも、連座する形で殺害された家康の正室、築山殿の名をとって、「築山殿事件」としても知られている。

築山殿が浜松に近い佐鳴《さなる》湖畔で殺されたのが天正七（一五七九）年八月二九日、信康が二俣城で自害したのが九月一五日のことである。

実は、この信康事件には謎が多い。二一歳の青年武将に成長し、徳川家の三河における拠点である岡崎城を任されていた信康が、なぜ切腹させられたのか、はっきりした理由がよくわからないのである。嫡男を切腹させざるをえなかった家康の判断には、究極の危機管理が隠されているかもしれない。

従来の通説は、信康の妻徳姫が、父の織田信長に、信康が母の築山殿と共謀して武田勝頼に内通していることなどを認《したた》めた一二カ条の手紙を送ったというものだ。

この通説によると、びっくりした信長が、家康の家老、酒井忠次を呼び出して詰問したところ、一二カ条のうち、一〇カ条まで弁明することができなかった。信長から家康に、「信康を殺せ」との命令があり、家康はやむをえず、信康を切腹させたとしてきた。

信長が、信康と武田勝頼の内通を疑っただけでなく、自分の子信忠よりも信康の方が武勇に勝れ、将来、織田家と徳川家の主従が逆転するのを恐れ、未然にその禍根を絶ったと解釈されてきた。

ところが、近年の研究で、「信康を殺せ」という信長からの命令はなかったことが明らかになってきた。

となると、信長からの命令ではなく、家康独自の判断で、二一歳にまでなっていた嫡男を殺害したことになる。一体どうしてなのだろうか。

そこには、どうやら、家康とその家臣団、すなわち浜松衆と、信康とその家臣団、すなわち岡崎衆との不協和音が関係していたようなのである。

信康は、元亀元（一五七〇）年、父家康が岡崎城から居城を浜松城に移したとき、岡崎城の城主となっている。わずか一二歳である。傅役《もりやく》として平岩親吉が付けられてはいるが、本来なら父である家康から帝王学などを学ばなければならないのに、この時点ですでに独立していることになる。その理由として、不行跡もいくつか伝えられている。

以前は、そうした信康の不行跡といわれるものは、信康を死に追いこんだ家康を悪者にしないための創作とされてきた。しかし実際は、家康のコントロールがきかなくなったという事情もあったらしい。

後述するように、酒井忠次ら家康の側近たち年配の浜松家臣団と、若い岡崎家臣団との軋轢《あつれき》があったというのが、信康事件の真相だったと思われる。

「秀吉のヘッドハント」に苦しめられた家康の「対抗策」

徳川家康と羽柴（豊臣）秀吉とは、生涯一度だけ戦っている。天正一二（一五八四）年の小牧・長久手の戦いである。よくいわれるように、局地戦では家康が勝ち、秀吉は家康の同盟者織田信雄と単独講和を結び、戦う大義名分がなくなった家康も講和に応じている。

しかし、これはあくまで講和が結ばれただけで、家康が秀吉に臣従したわけではなかった。何とか家康を臣従させたいと考えた秀吉は、家康の重臣石川数正の引き抜きにかかった。石川数正は酒井忠次とともに「両家老」といわれ、三河岡崎城の城主でもあった。

秀吉が石川数正に目をつけたのは、数正が家康の使者として、たびたび、自分のところに訪ねてきていたからである。家康もどういうわけか、秀吉との交渉役を数正一人と決めていたらしい。

数正は何度か秀吉に会ううちに、秀吉の力量のすごさに圧倒されたようで、そのことを薄々感づいた秀吉が数正の引き抜きをはかったのである。現代の企業にも見られる「ヘッドハンティング」ということになる。

数正が家康のもとを出奔し、秀吉のところに走ったのは天正一三(一五八五)年一一月一三日のことである。そのことを知った家康は焦った。それも無理はない。重臣の一人が秀吉の家臣になってしまったわけで、数正の口から徳川方の機密事項がすべて筒抜けになってしまう。まさに危機的状況といってよかった。

機密事項の中でも、特に軍団編成にかかわることや戦法など、三河以来の軍法が知られてしまうことは、家康としても痛かった。ゆえに、軍法の変更を行ったのである。

そのような場合、ふつうならば、それまでの軍法に若干の手を入れ、少し変更するだけで済ますところであろう。

ところが、家康は違っていた。思いきった軍法の変更に踏み切っているのである。それまでの松平・徳川方式を武田方式に切り替えている。それが可能だったのは、このころの徳川家臣団に、かなりの数の武田遺臣が加わっていたからである。

家康は、天正一〇（一五八二）年六月二日の本能寺の変のあと、甲斐・信濃に兵を送りこんで平定した。それとともに、武田氏の家臣だった八〇〇人余を自分の家臣団に取りこんでいた。だからこそできた芸当でもあった。

それまでの「三備《みつぞなえ》」といった軍団編成を「大番制《おおばん》」としている。この「大番制」というのは、武田氏がとっていた軍団編成で、家臣団をいくつかのグループに分け、そのグループを大番とし、そのグループのリーダーを大番頭《がしら》として、それぞれのグループを統轄させる方式である。

家康は、何年にもわたって武田信玄・勝頼父子とは戦ってきて、苦しめられた相手だったことはまちがいない。その苦しめられた相手でも、よいところは継承しようとする家康の前向きな生き方が、このときの機構大改革につながったわけである。

跡継ぎを守り抜いた家康流「リスクヘッジ」

徳川家康には一一人の男子がいたが、長男信康は天正七（一五七九）年に自害させられ、次男秀康も豊臣秀吉に人質のような形で養子に出されていたので、手もとで育てたのは三男秀忠だけであった。いつの時点かはっきりしないものの、家康は秀忠に家督を譲るつもりでいた。

そして、その思惑通り、慶長一〇（一六〇五）年、家康は秀忠を二代将軍の座につけているのである。こうした事実から、家督継承がスムーズに行われ、何事もなかったかのような印象を受ける。

しかし、実はそれは平坦な道のりではなかった。後継候補秀忠に危機が迫っていたのである。

現在、史料的にはっきりしている危機は二度あったとみられる。

一度目は文禄四（一五九五）年のいわゆる「関白秀次失脚事件」のときである。この事件は、愛児鶴松を三歳で亡くした秀吉が、「もう子どもはできないだろう」とあきらめ、甥にあたる秀次を養子に迎え、関白まで譲ったところ、拾（秀頼）が生まれ、実子に家督を譲りたくなった秀吉と秀次との間に確執が生じ、秀次が最終的に高野山で切腹させられたものである。

この事件の直前、家康は京都を離れ、江戸に向かったが、そのとき秀忠付きの大久保忠《ただ》隣《ちか》に、「秀吉と秀次が争うことになったら、秀吉側につけ」と言い置いている。

案の定、秀次から秀忠に「朝餉《あさげ》参らすべし」と誘いがあった。「これは、秀次が秀忠を人質に取ろうとする策略にちがいない」と判断した忠隣は、その申し出に応ずるふりをして、こっそり、秀忠を聚楽第《じゅらくてい》から逃し、秀吉のもとに送りこんでいるのである。

このとき、秀忠が秀次側に人質に取られていたら、家康としてもうかつに動けなかったわけで、「秀吉側につけ」は家康の好判断であった。

二度目の危機は慶長三（一五九八）年の秀吉死去のときである。秀吉は八月一八日に伏見城で亡くなった。秀吉はあらかじめ、自分の死を秘匿するように命じており、多くの人は秀吉の死をだいぶ後になって知ることになる。ところが家康はその日のうちに知り、ひそかに行動を起こした。秀忠を江戸に帰しているのである。

家康としては、「秀吉だから世の中は治まっていた」と考えており、秀吉死後、また内乱状態になる可能性を感じ取っていた。そのようなとき、父子ともに上方にいるのは危険であると判断し、秀忠を江戸に向かわせたのである。

これは家康流のリスクの分散といってよい。後継候補が上方から離れ、江戸にいるという安心感が、家康のその後の積極的行動、すなわち、天下取りにつながっていくことになる。

「領知あてがい」の証拠を家康が残さなかった理由

慶長五（一六〇〇）年九月一五日の関ヶ原の戦いで勝利した徳川家康は、西軍として戦った石田三成ら八八人の大名の所領を没収し、また毛利輝元ら五人の大名の減封処分を断行した。その結果、家康はたった一日の戦いで実に六三〇万石余の所領配分の権利を手にしたのである。

このあと、東軍勝利に貢献した諸大名への論功行賞があり、大名によっては二倍とか三倍の石高を得ていくことになる。ふつう、そのような場合、家康から各大名へ、領知宛行《あてがい》の判物《はんもつ》なり朱印状が与えられることになるが、このとき、各大名へ出されたはずの家康の判物なり朱印状は一通も残っていない。

こうした領知宛行状はそれぞれの家にとって大事な証拠書類なので、途中でなくなるということはありえない。そもそも家康からの領知宛行状は出されなかったのである。ここに家康の危機管理をみることができる。

関ケ原の戦いに勝ったとはいっても、家康は石田三成・毛利輝元ら西軍を破っただけであり、大坂城の豊臣秀頼はそのまま無傷で、家康はまだ「天下の家老」として五大老筆頭という立場でしかない。諸大名に領地を配分する立場ではないのである。

しかし、東軍に属して戦った諸大名に恩賞を与えなければならない立場にもあった。そこで考えた一手が、領知宛行を判物なり朱印状として出さず、口頭で伝えるという方法である。口頭で伝えられたので、文書が残らなかったというわけだ。

一例をあげておこう。遠江掛川城主だった山内一豊は五万九〇〇〇石から一躍土佐高知二〇万二六〇〇石への加増転封となったが、「譜牒余録《ふちょうよろく》」には、「土佐国を拝領したとき、判物を頂戴することはなかった」とみえ、実際、このときは、家康の家臣榊原康政が使者として一豊のもとを訪れ、口頭で伝えているのである。

同じような例として、福島正則には本多忠勝と井伊直政が使者として訪れ、口頭で安芸・備後の二国を与えると伝えているので、領知宛行状は一通も出されなかったと考えられる。

もし、領知宛行状として出すとすれば、この時期の権力構造からいって豊臣秀頼の許可が必要となったはずで、そうなると、諸大名は、秀頼から論功行賞があったととらえる。それを家康は警戒したのである。

ただ、そのままだと家康はいつまでも「天下の家老」にすぎないわけで、数年して、秀頼が政務をとることができる年齢になったとき、秀頼が関白に就任するであろうことは予測される。そこで三年後、家康は征夷大将軍という立場を獲得することになる。

「居城を諸大名に築かせる」天下普請の「カネでは計れない意味」

豊臣秀吉や徳川家康が、自分の居城を築くのに、配下の諸大名を動員して築かせることを「手伝い普請」といっているが、秀吉や家康といった天下人の命令ということで、「天下普請」ともいわれている。

いうまでもなく、諸大名に築城を手伝わせるわけなので、秀吉や家康にしてみれば、自分たちの出費を抑えるとともに、諸大名に金を使わせる一挙両得の政策であった。

たしかに、経済という視点でみればそうであるが、それだけではなかった。特に家康の時代の天下普請には経済とは別の要素が含まれていたように思われる。

秀吉の時代から、次から次へと間断なく合戦がくりひろげられていたので、秀吉と諸大名の関係は、合戦に動員する立場と動員される立場というわけで、ある種、絶対的な主従制の論理が貫徹している形だった。

ところが、家康の時代はどうだろう。慶長五（一六〇〇）年九月一五日の関ケ原の戦い以後、同一九（一六一四）年の大坂冬の陣まで、国内で、諸大名が動員されるような戦いはなくなっている。つまり、家康、ついで秀忠が征夷大将軍となっても、将軍と諸大名との間の主従制は、関白そして太閤の秀吉と諸大名との間の主従制にくらべ希薄になっている感は否めない。

そのような目でみると、関ヶ原合戦後、さらには家康が将軍になってから後の天下普請には家康なりの危機管理が意識として働いていたのではないかと思われる。

家康による天下普請の城を追いかけると、慶長六（一六〇一）年、藤堂高虎に縄張りをさせた膳所城を皮切りに、伏見城、彦根城が続き、同一二（一六〇七）年には将軍職を子秀忠に譲ったあと、大御所となった自らの隠居城として駿府城の築城が天下普請の形で進められている。さらに、同一四年には西国一五大名を動員した丹波篠山城があり、極め付きともいうべき城が同一五年の名古屋城である。

名古屋城は家康九男義直の居城であり、豊臣恩顧の大名として知られる福島正則が「なんで家康の子どもの城まで手伝わされるのだ」とぼやいた話が伝わっている。

これらの城の多くが大坂城を包囲するように位置していることから、従来は大坂城包囲網を築くための天下普請というように説明されてきたように思う。たしかにその側面もあるが、家康のねらいは、戦いがなくなった時点での軍事指揮権を徳川家がそのまま維持し続けるための方策にあったのではないか、と考えられる。

「落雷対策」が物語る家康の「危機管理意識」

避雷針が発明される以前、雷は脅威であった。特に高層建築である天守にはよく雷が落ちている。防ぐ手だてはなく、天守のすぐ近くに天守と同じくらいの高さの木を植え、避雷樹とした例もあるが、あまり効果はなく、全国の城を調べると、落雷によって天守が焼失したという事例は多い。

また、戦国武将の中には雷の直撃を受け、大けがをした者もいた。豊後の戦国大名大友宗麟の重臣で、軍師ともいわれる立花道雪は、雷にあたり、足が不自由になり、馬に乗ることができず、手輿に乗って戦場を走りまわったことが知られている。雷の直撃を受けて亡くなった者、屋内にいて、雷による火災で命を失った者も少なくなかった。

落雷に関して、徳川家康にまつわるエピソードがある。

家康は、慶長一〇（一六〇五）年、将軍職を子秀忠に譲り、二年後の同一二年から駿府城を居城とした。隠居城というわけであるが、単なる隠居ではなく、将軍職を退き、大御所となり、大御所政権を始動させている。駿府の家康のもとで政策立案がなされ、それを江戸の将軍が執行する体制である。

それだけではなく、私生活的には隠居といってよい状況でもあった。若い側室を迎え、年をとってから生まれた九男義直、十男頼宣、十一男頼房との生活を楽しんでいるのである。

この三人は、家康にとっては孫といってもよい年齢で、若いころの家康からは信じられないほど子どもをかわいがっている。

三人の子に能を舞わせ、ぎこちない動きをみて喜んだりしていた。エピソードというのは、その三人の子どもたちにかかわることである。

あるとき、駿府城周辺に雷雲が発生し、各地に雷が落ち、駿府城も落雷の危険があった。義直・頼宣・頼房の三人はその雷におびえ、駿府城の本丸御殿内の一室に集まり、肩を寄せあっていた。それをみた家康、それぞれの傅役《もりやく》を呼び寄せ、「一つところに集まるな。分散しろ」と命じている。

つまり、もしそこに雷が落ちれば三人とも同時に死んでしまう可能性があったわけで、これは、家康がリスクの分散をはかっていたことを示している事例といってよいのではなかろうか。

ちなみに、この義直が尾張徳川家の祖となり、頼宣が紀伊徳川家の祖となり、頼房が水戸徳川家の祖となり、いわゆる「徳川御三家」となった。しかも、この「徳川御三家」からそののち、実際に将軍を出しているわけで、リスクの分散による徳川政権存続に大きく寄与していたことも明らかである。

第三章

戦国を勝ち抜いた群雄たちの「人を動かす」秘策

惜しくも天下人とはならなかったものの、関東甲信越を舞台に、有力な戦国大名として存在感を発揮した、武田、上杉、北条、今川の四家は、現在でも高い知名度を誇り、戦国ファンの関心を集めている。

長きにわたって、互いに熾烈《しれつ》な戦いを続ける一方で、時には互いに同盟を組み、親族を差し出して血縁関係を結ぶこともあった。かと思えば、敵の弱みに乗じ、裏切りや血で血を洗う戦いをくり広げてもいた。

後世に名を残すほどの強大な勢力にまで、四家が勢力を伸張させた背景には、乱世を生き残る彼らのしたたかな危機管理戦略があった。

一　武田家にみる「人心掌握術」の奥義

今川との戦いで武田信虎を奮起させた「お家の慶事」

武田信虎というのは武田信玄の父である。信虎がそれまでの武田氏の本拠だった石和から躑躅ヶ崎館《つつじがさき》に移ったのが永正一六（一五一九）年で、今年（二〇一九年）はちょうど五〇〇年にあたることから、甲府市では、「甲府開府五〇〇年」ということで、記念事業を行った。

信虎が躑躅ヶ崎館に移って二年後の大永元（一五二一）年九月、隣国駿河の今川軍が甲斐に攻めこむということがあった。

今川家の重臣、福島《くしま》氏の軍勢であるが、今川の正規軍なのか、福島氏の単独行動なのかわからない面もある。いずれにせよ、九月から一〇月にかけて、福島氏の軍勢が富士川を北上し、甲斐に攻めこんできたことは『塩山向岳禅庵小年代記』や駒井高白斎《こうはくさい》の日記『高白斎記』にみえるのでまちがいない。

ちょうどそのとき、信虎の正室である大井夫人は身重だった。そこで、平地の居館の躑躅ヶ崎館では危ないと判断した信虎は、裏手の山に築いた詰の城である「要害山城《ようがいさんじょう》」に大井夫人を避難させている。福島軍が躑躅ヶ崎館に攻撃をしかけてくると考えたからである。

同年一〇月一六日、両軍は飯田河原で激突した。場所の名をとって飯田河原の戦いとか、飯田口の戦いとよばれている。

信虎軍の必死の戦いにより、劣勢ではあったが福島軍のそれ以上の進攻をくいとめることができ、持久戦となり、なかなか決着がつかないまま数日が経過した。

そこに、大井夫人が男子を出産したという朗報が信虎のもとに届いた。一一月三日のことで、この男の子こそ、信虎の嫡男晴信、後の信玄である。

この男子誕生に力を得た信虎は逆襲に転じ、さきの飯田河原よりやや上流の上条河原に駒を進め、一一月二三日、再び福島軍との戦いに挑み、何と福島軍を破っているのである。

嫡男誕生という情報を最大限に利用し、そのことで士気を鼓舞したことはいうまでもない。信虎の家臣たちにしても、武田家存亡の瀬戸際に生まれた男の子に一筋の光明のようなものをみようとしたのかもしれない。

『塩山向岳禅庵小年代記』によると、「駿河衆軍を背《そむ》き、福島一類打死。其他四千余人打死」とみえる。「四千」という数字はそのままには信用できないが、信虎方の勝利だったことはまちがいない。

ちなみに、信玄誕生の場所は、山城の要害山城の中ではなく、ふもとの積翠寺《せきすいじ》だったともいわれているが、安全な場所に身重の正室を避難させた好判断が勝利を呼びこむ結果になったのであろう。

「バカ殿」信玄を立ち直らせた重臣の「諫言《かんげん》の作法」

武田信玄のことをくわしく記した『甲陽軍鑑』に興味深いエピソードがある。

天文八（一五三九）年というから、信玄一九歳のときのことである。そのころの信玄は、父信虎との関係もよくなく、また、弟信繁が家督をつぐことになるかもしれないという不安が原因だったと思われるが、生活が乱れたことがあった。

具体的には、若い女ばかりを集め、昼間から座敷の戸を立て回し、遊び狂ったり、詩作にばかり興じていた。跡とりがこの状況では、武田家の危機である。それを見かねた傅役《もりやく》の板垣信方が思いきった行動に出た。

自分の屋敷に詩作の得意な僧侶を招き、信玄には病気休養と偽って出仕をしばらく休み、ひそかにその僧侶から詩作を習った。詩作といってもふつうの詩ではなく、漢詩である。そして、二五、六日で漢詩を作れるまでになり、出仕し、「我等にも一首仰せ付けられ候《そうら》え」と申し出ているのである。

びっくりしたのは信玄で、それまで詩作している様子を批判的な目で見ていた信方になど、漢詩ができるわけはないと思ったが、あまりにしつこく「題を下され」というので、題を与えたところ、即座にみごとな詩を作った。

不審に思った信玄は、「また一首作ってみよ」と題を与えると、これまたみごとな詩を作った。信玄は、「あらかじめ題を予想し、他人が作った詩を提出したのだろう」と疑い、さらに三つ、別の題を出したが、その題でも即座に詩を作ってしまったのである。

さすがに信玄もこれには驚いて、「即座にて詩五つ作りたるは、いつの間に作り習いたるぞ」といったのに対し、信方は平然と、「この程二十日あまりの稽古《けいこ》なり」といい、実は、病気と称して出仕を休み、その間に僧侶から習ったことを暴露している。

そして、続けて、「晴信公、詩を作り給《たま》う事、大方になされ候え、国持ち給う大将は国の仕置《しお》き、諸侍をいさめ、他国をせめ取《とり》て、父信虎公十双倍名を取給わば信虎公と対々にて御座候」と意見をしているのである。「晴信公」というのが信玄のことである。

ただの意見ではきき目がないと信方も思ったのであろう。「詩作など、その気になればわずかの稽古でできる。それを詩作に狂うとは何事か」と、実体験に裏づけられた意見をしているのである。家臣たちのこうした意見、すなわち諫言《かんげん》が、信玄を一人前の武将に育てあげたといってよい。

一九歳という年齢も絶好のタイミングだったかもしれない。このあと、詩作に狂うこともなく、遊び狂うこともなく、帝王学を身につけていった信玄の様子をみると、危機管理というのは、戦国大名当主だけでなく、重臣たちによっても担われていたことを見ないわけにはいかない。

武田信玄が「父追放クーデター」を起こした真相

天文一〇(一五四一)年六月一四日、甲斐の戦国大名武田信虎が、隣国駿河の今川義元のところに出かけたとき、信虎の息子晴信、すなわち信玄が甲駿国境を封鎖するという事件が起きた。「武田信玄のクーデター」といわれている。信玄が実父を追放し、自分の力で家督を奪い取ったということで、いかにも戦国的な家督交代劇として有名である。

実はこの家督交代劇の背景に、その当時甲斐国が置かれていた危機的状況があった。たしかに、信虎は戦国武将としては有能で、数代前に武田家から分かれていった大井氏や今井氏、さらには穴山氏などと戦って屈服させ、一代でほぼ甲斐一国の統一を成しとげ、また、有力家臣たちを躑躅ヶ崎館のまわりに集住させ、それまで独立性の強かった家臣を支配体制に組みこむことに成功した。

ただ、こうした施策を遂行する過程で、かなり強引なやり方があったことも事実で、重臣たちとの間に軋轢《あつれき》が生じた点は否めない。また、連続する戦いによって農村は疲弊しきっていた。

このあたりの様子を、同時代史料の『塩山向岳禅庵小年代記』は「国中ノ人民牛馬畜類共ニ愁悩セリ」と記している。

「このままでは甲斐国は滅ぶ」と考えたのが信玄である。もしかしたら、最初にクーデター計画をもちかけたのは、信玄の傅役だった板垣信方だったかもしれない。

甲斐国を滅亡から救うために大鉈《おおなた》をふるうしかないということになった。信玄および板垣信方と何人かの家臣が集まって相談し、家臣たちの諫言にも耳を貸さず、悪政を続ける信虎追放の段どりが進められたのである。

そうとは知らず、「今川義元に嫁いだ娘に会いに行く」といって駿河に向かったのを好機として、国境封鎖をしたため、信虎はもどってくることができなくなった。こうして家督をつぐことになったのが信玄である。『塩山向岳禅庵小年代記』は、「晴信、万民ノ愁ヲ済《すく》ハント欲シ、足軽ヲ河内《かわうち》境ニ出シ、ソノ帰道ヲ断チ、位ニ即《つ》キ、国々ヲ保ツ。人民悉《ことごと》ク快楽ノ哄《わら》ヒヲ含ム」と記している。

「晴信」が信玄のことであり、「河内境」が甲斐と駿河の国境なので、信玄が足軽を国境に配備し、駿河に行った信虎がもどってこられなくなったのは事実である。その後、信虎は駿河、さらに京都を転々とし、最後、信濃の高遠で没している。

もっとも、この家督交代劇、信玄が父信虎の悪政から国を守るために、やむにやまれず父を追放したというだけではなかった。信玄には、もう一つの危機意識があったのである。信虎は、信玄より、弟の信繁の方をかわいがっていて、日ごろの言動にも信繁に家督を譲りたいといった意識があらわれていた。信玄にしてみれば、そうした危機的状況を打破するためのクーデターでもあったわけである。

神社を「信玄堤」の真上に造営した「炯眼《けいがん》」

武田信玄の領国甲斐には笛吹川と釜無川が流れ、それが合流して富士川となるわけであるが、源流から甲府盆地までの距離が短いこともあって、少しまとまった雨が降るとすぐ洪水をひき起こした。

信玄は、父信虎を駿河に追放し、武田家の家督をついだ直後から堤防工事に着手し、現在、信玄堤の名で知られている。笛吹川の万力堤と近津堤、釜無川の竜王堤などが信玄堤とよばれているが、実際には、信玄が直接手がけたもののほか、いわゆる「信玄流川除《かわよけ》法《ほう》」で築かれた堤防も信玄堤とされている。

その一つ、釜無川の竜王堤に信玄による危機管理としての築堤の様子をうかがうことができるので、くわしくみていきたい。

釜無川は甲斐と信濃の国境から南に流れ、いくつかの支流を合わせて次第に水量を増し、甲府盆地に流れこむ。

ところが、その支流の一つ御勅使《みだい》川との合流点付近は、大雨のたびに大きな被害をもたらしていた。一説に、御勅使川は「みだれ川」あるいは「みだし川」からきたともいわれ、本来は乱川とか水出川の名で洪水と密接なつながりをもつ川の名前だったともいわれている。

そこで信玄は、御勅使川の流路変更に着手し、御勅使川の上流で川の流れを二つに分けて水勢を弱めた。また、二つに分かれた御勅使川が釜無川に合流する部分に「十六石」という石を並べ、直接、水が堤防にぶつからないよう工夫をこらしていたことが知られている。

注目されるのはその堤防の作り方である。御勅使川が釜無川とぶつかる高岩とよばれるところから、下流にかけて一八〇〇メートルほどの堤防が築かれたが、一直線ではなく、途中、部分部分に切れ目を設け、遊水池に水を流しこむ霞堤《かすみてい》としており、これが「信玄流川除法」といわれている。あふれた水が遊水池に流れこみ、クッションの役割を果たしていたのである。

そして、堤防が崩れる恐れのある部分に特別なしかけがなされていた。堤防の上と斜面には竹木を植え、簡単に崩れないようにしていたが、特に大事な場所にはさらに工夫をこらしていたのである。

何と、信玄は堤防の上に三社神社を勧請《かんじょう》している。堤防の内側ではなく、堤防の上というところがみそである。神社を勧請しただけではなく、信玄は付近の村人に祭りを行わせ、堤防の上でお神輿《みこし》をかつがせているのである。

ふだんから神社にお参りに人が集まり、祭りのときには人びとがお神輿をかついでワッショイとやるわけなので、自然と土手の地盤が固められることになる。信玄堤が簡単に崩れなかったのも頷《うなず》ける。

信玄流「厳しすぎる裁判」にみるリーダーの本質

現在、鉄火といえば、すぐ思い浮かぶのは鉄火丼とか鉄火巻きではなかろうか。これらを「鉄火」と呼ぶ由来だが、マグロの赤身の色が、熱して真赤になった鉄と同じところから来ている。

しかし、戦国時代から近世初頭にかけては、鉄火は、裁判の方法の一つであった。罪の有無を試すため、神前で熱した鉄を握らせ、数歩先の神棚まで運ばせるという裁判のやり方があったのである。悪事を働いていれば、その者が神罰によって火傷をし、鉄を取り落とすことになり、有罪とされるというものである。

この鉄火が武田信玄のもとで行われていたことが『甲陽軍鑑』品《ほん》第四十七にみえる。この品第四十七は「公事之巻」との別名をもち、信玄にかかわる訴訟について具体例がいくつか記されている。

その中に、増城《ぞうじょう》源八郎の話がある。あるとき、源八郎が同僚の古屋惣二郎に臆病ひきょうの振る舞いがあると訴え出て裁判となった。対決させたが解決つかず、信玄が「鉄火を取れ」といい、鉄火による神裁が行われることになった。

源八郎も惣二郎も信玄の家臣だった。結局、それぞれの家臣が代理の形で鉄火を取ることになり、はじめに増城源八郎の家臣が鉄火を取ったが、熱さのあまり、鉄火を落としてしまい、源八郎の敗訴が確定したというのである。

このあと、源八郎は所領を没収されただけでなく、逆さ磔《はりつけ》にされたと『甲陽軍鑑』は伝えている。

現在の感覚からすると、「鉄火を握ればやけどをするだろう」と考えるのがあたりまえで、「何ていいかげんな裁判なんだ」と、怒りの声が聞こえてきそうである。ところが、当時は、神の裁きとして一定の効力をもち、また、それが受け入れられていたのである。

では、この鉄火と、危機管理はどのような関係があったのだろうか。実は、『甲陽軍鑑』をみても、鉄火がいつでも行われていたわけではない。一種、みせしめのように行われていた形跡がある。

熱した鉄を握ればどうなるかは当時の人びとであってもわかる。おそらく、信玄は、人びとがもっている恐怖心を逆手にとったのではないかと思われる。というのは、この頃、領地争いなど、訴訟が頻繁におこされていたからである。

分国法「甲州法度之次第」がありながら、常に訴訟がおこされており、信玄は、たまに鉄火をやることで、無秩序な訴訟を抑制させていたものと思われる。

それにしても、どちらに先に鉄火を握らすかは、どのように決めていたのか気になるところではある。

最強武田軍団を支えた信玄流「能力主義」

戦国時代まで、家臣登用の基本は譜代門閥主義だった。たとえば、親が家老だったら子も家老になるという形である。そうした譜代門閥主義を打破し、能力本位の人材抜擢に切り替えていったのが織田信長とされ、信長の斬新さを語る際に必ずといってよいほど引き合いに出される。

ところが、同時代、甲斐の武田信玄も能力本位の人材抜擢をしていたのである。はじめは譜代門閥主義を踏襲しつつ、次第に能力本位の人材配置を進めていった。それは信玄なりの危機管理のあらわれでもあった。

戦国時代はその名の通り、戦いの連続で、戦いによる戦死者は多かった。そうした場合、戦死した者の遺児は亡き父親の跡目をつぐことになる。戦いに出ていく者も、「自分が戦死しても子どもがあとをつぐ」という安心感があり、譜代門閥主義だからこそ命を懸けての戦いに臨むことができたという側面もあった。

信玄の家老の一人だったのが板垣信方である。単なる家老というより、信玄の父信虎の家老で、信玄の傅役でもあった重臣筆頭の武将だった。その板垣信方が天文一七（一五四八）年の信濃上田原の戦いで討ち死にしてしまった。この戦いでは、もう一人の家老だった甘利虎泰も討ち死にしており、信玄の数少ない大敗北の例として語り継がれている。

このあと信玄は、戦死者家族を悼む気持ちもあったのであろう。板垣信方の遺児、信憲を家老に引き上げ、甘利虎泰の子、昌忠も家老とした。板垣信憲・甘利昌忠の二人は「両《りょう》職《しき》」とよばれている。ここまでは、それまでの譜代門閥主義そのままである。

ところが、ここからちがった展開となる。甘利昌忠の方はそのままだったが、板垣信憲の方は、父信方のときと同じく諏訪郡代の地位に就いたものの成果をあげることができず、信玄から失政をとがめられ、ついには追放されてしまった。家柄ではなく、能力によって地位に就かせることを宣言した形である。

そして注目されるのは、そのころから譜代の重臣ではない若手の家臣をその能力をみて抜擢している点である。まさに、譜代門閥主義から能力本位の人材抜擢へと明確にシフトしているのである。

のちに「武田四名臣」とか「武田四天王」などとよばれる四人、すなわち、山県昌景・内藤昌豊・馬場信房（信春）・高坂昌信（春日虎綱）はその代表といってよい。

武田領国が大きく広がった段階で、山県昌景は駿河江尻城代として、内藤昌豊は上野箕輪城代として武田領国の維持に力を発揮した。

同じように、馬場信房は信濃牧之島城代として、高坂昌信は信濃海津城代として手腕をみせた。能力のない部将が「家老の子は家老」として家老になっていれば、そのようにはならなかったと思われる。

武田信玄像（JR甲府駅前）

「信玄の隠し湯」が果たした「知られざる役割」

山梨県や長野県、さらに群馬県には「信玄の隠し湯」といわれる温泉がいくつもある。正確に数えたことはないが、二〇から三〇はありそうで、そのうちのいくつかは私自身も入ったことがある。

たしかに、武田信玄・勝頼が支配した地域なので、戦国時代から存在が確認される温泉はその可能性があるが、近代になって、名将信玄の名にあやかって、勝手に「信玄の隠し湯」と称したところもあるかもしれない。

とはいえ、たしかな文献によって「信玄の隠し湯」だったことが証明される温泉もある。たとえば、甲府市の湯村温泉は、かつて志摩の湯とか島の湯といわれ、信玄自身が入浴し、傷の治療をしたことが『甲陽軍鑑』にみえる。

村上義清との戦い、有名な信濃上田原の戦いのところで、「味方も雑兵とも七百余り討死の中に、名誉の侍大将板垣信形討死なり、晴信公もうす手を二ケ所おはせられ候。三十日の間、甲州島の湯にて御平癒なり」とみえる。この晴信公が信玄である。

そのほか、第四次川中島の戦いを前にして、現在の川浦温泉（山梨市）に、信玄が「河浦湯屋造営」を命じた文書（「恵林寺文書」）もあり、山梨県身延町の下部温泉にも関連文書が残されている。

注目されるのは、これら「信玄の隠し湯」に共通する効能である。刀や槍《やり》など金属製の武器で受けた切り傷のことを金瘡《きんそう》というが、「信玄の隠し湯」といわれる多くが、この金瘡に効くとうたっているのである。

信玄の時代、まだ鉄砲はそれほど普及しておらず、将兵たちの主要武器は刀や槍で、槍で突かれて死んだり、負傷したりする者が多かった。軍記物の記載はややオーバーな書き方をするので、少し割り引いてみていかなければならないが、それでも一度の戦いで数百人、ときには千の単位の負傷者が出る戦いもあった。

びっくりするのは、武田軍が数百人の負傷者を出したにもかかわらず、数カ月先にはまた同じような戦いをくり返していた点である。

新手《あらて》を投入したということもあったと思われるが、負傷者の傷が癒えるのを待って再び動員されていったのではなかろうか。その意味において、「信玄の隠し湯」は野戦病院の役割を果たしていたことになる。

まだ西洋医学による外科手術などが入っていない時代で、戦いで負傷した将兵の傷をいかに早く直すかも危機管理の一つであった。武田領国に温泉がたくさんあったのも幸いしたが、その温泉の効用を巧みにつかんだ信玄の着眼点もみごとであった。

家臣の裏切りを阻止した「血判状」の秘密

甲斐の武田信玄は、相模の北条氏康、駿河の今川義元と同盟関係にあった。「甲相駿三国同盟」として知られている。信玄の嫡男義信のもとに今川義元の娘が嫁いでいた。

ところが、永禄三（一五六〇）年五月一九日の桶狭間の戦いで義元が織田信長に討たれたことで状況が変わった。信玄としては、「義元だから同盟を結んだのだ」という思いがあり、義元死後、今川家を背負ってたつ氏真にはその力量がないとみていたのである。

信玄は、何とか日本海に進出したいと思っていた。ただ、上杉謙信の厚い壁にはばまれ、日本海をあきらめ、太平洋に出たいと考えるに至った。

つまり、今川家との同盟関係を破棄しようと動きはじめた。それに猛反対したのが嫡男の義信だった。「妻の実家を攻めるとは何事ですか」というわけである。

実は、それ以前にも父子の仲はよくなく、永禄四（一五六一）年九月一〇日の第四次川中島の戦いで、信玄の弟信繁や軍師の山本勘助が討ち死にしたときも、「父の作戦が悪かったから」と批判していたといわれている。信玄自身、父信虎を駿河に追放し、自らの力で家督の座についた経歴をもっていただけに、子どもから批判され、また、駿河攻めに反対されたことで身の危険を感じたのかもしれない。

結局、永禄八（一五六五）年、信玄は思いきった行動に出ている。義信の傅役だった飯《お》富《ぶ》虎昌《とらまさ》を捕らえ、死に追いこみ、義信を甲府の東光寺に幽閉しているのである。その罪状は、飯富虎昌と義信が謀反を企てたというものであった。

そして、義信が東光寺に幽閉されていたまさにそのとき、信玄は家臣から血判起請文を取っているのである。信玄の危機管理を物語るものといってよい。現在、その血判起請文は長野県上田市の生島足島《いくしまたるしま》神社に納められているが、提出した者は二三七人で、重臣だけでなく、中級家臣にまで及んでいたことがわかる。

文面は雛形《ひながた》があったようで、たとえば、「信玄様に対し奉り、逆心・謀叛等相企つべからざる事」とか、「甲・信・西上野三ケ国の諸卒、逆心を企つと雖《いえど》も、某《それがし》に於いては無二に信玄様御前を守り奉り、忠節を抽《ぬき》んずべき事」などの文言が並んでいる。信玄が、嫡男義信の廃嫡という事態に動揺しないように、家中の引き締めをはかったものであることがわかる。

ちなみに、起請文の日付は義信が幽閉されて二年後の永禄一〇（一五六七）年八月七日である。そのおよそ二カ月後、東光寺に二年余にわたって幽閉されていた義信が自殺しているのである。

「超合理主義者」信玄の「人材活用術」に学ぶ

永禄一一（一五六八）年一二月、武田信玄は三河の徳川家康と結んで間に挟まれた形の今川氏真を攻め滅ぼしている。このとき、大井川を境にして、今川領だった駿河を信玄が取り、遠江を家康が取ったことは、信玄・家康の駿遠分割領有ということで有名である。

それまで甲斐・信濃など海のない国々を支配していた武田氏としては、はじめて海をもつことになったわけで、当然、その時点では海賊衆とよばれる水軍力はゼロだった。

信玄は今川氏を滅ぼす過程で今川家臣に対する内応工作を進めており、はじめは内応してきた旧今川家臣のうち、今川水軍を率いていた岡部忠兵衛を中心に新たに武田水軍を編成させたが、水軍力の点で勝る北条水軍と戦うには力不足の感が否めなかった。

そこで信玄は岡部忠兵衛と相談し、全く別なところから水軍の大将を招致しようとした。この発想の転換が水軍力不足の信玄の危機を救うことになる。

具体的には伊勢水軍の将として名の知られていた小浜《おばま》氏である。小浜氏の本拠は志摩国小浜（三重県鳥羽市小浜町）なので、厳密にいえば志摩水軍ということになるが、長いこと伊勢国司、北畠氏の水軍として活躍していたので、伊勢水軍の一員とされている。

永禄一二（一五六九）年、その北畠氏が織田信雄《のぶかつ》に攻められると、織田水軍の将、九鬼嘉隆と対立しはじめ、小浜氏の当主小浜民部左衛門尉景隆は居場所を失っていたのである。

そこに目をつけたのが信玄だった。何と、三〇〇〇貫文の知行を与える約束で招いているのである。

このころの武田水軍の将と保有する軍船の数が『甲陽軍鑑』の「海賊衆」としてみえるが、間宮武兵衛（船一〇隻）、間宮造酒丞（船五隻）、向井伊兵衛（船五隻）、伊丹大隅守（船五隻）、岡部忠兵衛（船一二隻）とあり、小浜氏は安宅一隻、小舟一五隻とみえる。安宅船は中心的軍艦で、安宅船を擁する小浜景隆が武田水軍の主力を担っていたことが明らかである。

なお、ここにみえる向井伊兵衛も伊勢水軍の一員だった。水軍力の点では先進地だった伊勢・志摩から大将だけでなく、船乗りたちも呼び寄せたことで、武田氏の水軍力はパワーアップがはかられたのである。

信玄死後のことになるが、子、勝頼の時代、天正八（一五八〇）年には、水軍力の点でははるかに力が上だった北条水軍と、駿河湾海戦で互角の戦いをくりひろげている。

追い込まれた「武田四天王の一人」が発揮した「ずる賢さ」

戦国史にくわしい人も、春日虎綱という名前をみても、「春日虎綱って誰？」と思うのではなかろうか。それも無理はない。春日虎綱とはこれまで、高坂《こうさか》弾正昌信の名で伝えられてきた武将である。武田信玄・勝頼の二代に仕え、特に信濃の海津城将として知られ、『甲陽軍鑑』の原作者といわれている。

近年の研究によって、高坂ではなく香坂《こうさか》が正しく、また、名乗りも昌信と称したことは一度もなかったとされている。ただ、一時期、香坂氏の養子になっていたので、春日虎綱のほか、香坂虎綱という名前でも出てくることはある。

甲斐国石和（山梨県笛吹市）の豪農春日大隅の子で、父の遺領をめぐる義兄との訴訟のとき、武田信玄の目にとまり、近習となり、最終的には海津城代にまで出世するという異色の経歴の持ち主である。

『甲陽軍鑑』の「武田法性院信玄公御代惣人数之事」によれば、「高坂弾正忠虎綱」として、信州海津在城、四五〇騎と記している。配下の人数四五〇というのは、武田全家臣団中最高である。上杉謙信に対する備えがもっぱらの任務で、従って虎綱自身、川中島の戦い以外には戦いに出ていっていない。

天正三（一五七五）年五月の長篠《ながしの》・設楽原《したらがはら》の戦いのときもそうだった。周知のように、この戦いで、山県昌景・馬場信房ら重臣たちの多くが討たれている。内藤昌秀（従来は昌豊）は、勝頼が戦場から逃げるのを見とどけ、そこに踏みとどまって討ち死にしたといわれている。

勝頼はわずか六騎で奥三河の武節《ぶせつ》城に逃げこみ、甲斐にもどっていったが、甲斐に入ったところで、勝頼のまわりに新品の旗指し物が翻ったといわれている。春日虎綱が、勝頼の敗北を領民にさとられないようにとの配慮であった。

このときの武田軍の数は『甲陽軍鑑』によって一万五〇〇〇といわれ、無事に甲斐までもどることができたのは三〇〇〇にすぎなかったとされている。

これでは、いかに新品の旗指し物があっても大敗北だったことが領民に知られてしまったのではないかと思われるが、『多聞院日記』には、「千余討死」と書かれているので、実際に討ち死にした人数は一〇〇〇ほどだったのかもしれない。

そうなると、一万余はもどってきた計算なので、虎綱の配慮で武田領の領民の動揺を防ぐこの計略は一定の効果があったものと思われる。

籠城兵の叛乱を防いだ信玄家臣の「ブラフ」

武田信玄・勝頼二代に仕えた家臣に依田信蕃《のぶしげ》という武将がいた。「武田二四将」には入らないが武田氏の家臣としていくつかの城の守備にあたり、衰退期の武田領国を支えた一人として知られている。

天文一七（一五四八）年、信濃国衆芦田信守の子として生まれ、そのため、芦田信蕃と書かれることもある。永禄二（一五五九）年、父が武田信玄に従属することになったとき、人質として高島城に出されている。

のち、同一二（一五六九）年一二月の駿河侵攻時には、父信守とともに駿河蒲原城（静岡市清水区）の守備についており、武田氏の駿河・遠江支配の一翼をになっている。

元亀三（一五七二）年一二月の三方原の戦いのとき、その前哨戦の一つ遠江二俣城攻めがくりひろげられ、徳川家康の浜松城の支城だった二俣城は武田氏の手に落ちた。信玄は翌天正元（一五七三）年四月に病死したが、勝頼は翌二年閏《うるう》一一月ごろから二俣城の守備を信蕃にまかせている。

ところが、周知のように、翌三（一五七五）年五月二一日の長篠・設楽原の戦いで勝頼が敗れ、逆に、それまで武田軍に押され気味だった徳川軍の攻勢がはじまり、遠江の武田方諸城は徳川軍の攻撃にさらされることになった。徳川軍はまず、浜松城の脅威となっていた二俣城攻めにかかった。城攻めがはじまってすぐ六月一九日に、信守は病死しているが、子信蕃は頑強に抵抗し、容易に落ちなかった。

家康は二俣城攻めをあきらめ、二俣城を包囲させたまま別の武田方の城攻めに切りかえ、七月中に光明城が落ち、七月二〇日からは諏訪原城を攻めている。結局、諏訪原城では八月二四日の夜、城を守っていた今福虎孝をはじめ、室賀・小泉といった城兵たちが夜陰にまぎれて脱出し、小山城に走っていった。

その間も二俣城は包囲され続け、兵糧攻めを受けていたが、このとき、城主依田信蕃のみごとな危機管理が「依田記」に描かれているのである。何カ月も城を包囲されていたため、城兵たちの中から兵糧がつきてきたのではないかと不安の声があがりはじめた。そのとき、信蕃はひそかに米俵に土を詰め、蔵に何と三〇〇俵を積みあげさせたという。

しかし、実際は兵糧がつきてきていたので、信蕃は徳川方と和平交渉に入り、城兵の命を損ずることなく、一二月二四日、降伏開城をしている。

なお、信蕃自身は、その後、駿河の田中城（静岡県藤枝市）の城将となり、同七（一五七九）年一〇月までその任についているのである。

武田信玄（左）に切り込む上杉謙信（「上杉まつり　川中島合戦」）

「忠臣」のイメージを裏切る真田昌幸の「渡世術」

真田昌幸が、敗走する武田勝頼を上野の岩櫃《いわびつ》城に招こうとした美談が、これまで語り伝えられてきている。だが、最近は疑問視されている。

武田氏の戦略・戦術を記した軍学書『甲陽軍鑑』と、それを敷衍《ふえん》した形の『加沢記《かざわき》』あたりが出典で、主家に忠実であろうとした昌幸というイメージ作りのため、後世、創作されたエピソードの公算が大である。

では、実際のところはどうだったのだろうか。

勝頼が天目山麓の田野《たの》で自刃した天正一〇（一五八二）年三月一一日の翌一二日付の昌幸宛ての北条氏邦の文書があり、すでに昌幸が武田氏滅亡の前から北条氏に属す動きをしていたことが明らかである。北条氏邦というのは北条氏政の弟で、武蔵鉢形城主であり、上野方面の支配も担当していた。昌幸が早々に北条方に乗り換えようとしていたことは確実である。

ところが、武田氏滅亡後の論功行賞の結果、昌幸の所領のある信濃の小県《ちいさがた》郡や上野は織田信長の重臣滝川一益に与えられることになり、昌幸は一益配下に組みこまれた。

その直後、六月二日の本能寺の変で信長が明智光秀に討たれたことで、昌幸にさらなる危機が迫ったのである。

一益が、上野・武蔵の国境を流れる神流川《かんな》で北条氏直と戦って敗れ、伊勢へ逃げもどってしまったのである。ここから昌幸の生き残りをかけたサバイバル戦略がはじまるわけで、昌幸の危機管理能力がもろに試されることになる。

北条氏直が信長の死によって空白となった信濃に軍を進め、佐久・小県・諏訪の各郡を征圧したとき、昌幸は氏直に帰属した。しかし、同じく空白となった甲斐を占領しようと徳川家康も甲斐に進出し、北条軍と徳川軍は甲斐の若神子《わかみこ》（山梨県北杜《ほくと》市）で衝突した。若神子の陣とよばれている。

この両軍の対陣は八月の初めから一〇月末まで長期に及ぶが、何と、その間の九月、それまで氏直に属していた昌幸は家康に臣従しているのである。この変わり身の早さこそ、昌幸が家を保つことができた要因であった。

家康から、「当知行」、すなわち、現在支配している土地のほかに恩賞が示され、その恩賞に釣られたという側面もあった。家康としても、昌幸は何としても配下に加えたかったからである。

もちろん、氏直は怒り、信濃の佐久郡および上野の沼田城に兵を送り、真田つぶしにかかっている。しかし、このあと、氏直と家康が和議を結んだため、つぶされずにすみ、昌幸は家康の援助を受けて、新しい居城として上田城を築いているのである。

ところが、これで終わりではなかった。昌幸は、家康から「沼田を北条方に渡すように」といわれたとき、家康から離れ、上杉景勝に属しているのである。このとき、次男の弁丸（のちの信繁、通称幸村）を人質として上杉方に出している。

二　北条家がつらぬいた「経営の真髄」の中身

南海トラフ地震を「チャンス」とみる北条早雲の「ここ一番力」

北条早雲（伊勢宗瑞《そうずい》）の伊豆討ち入りについては、従来の通説を覆す研究がいくつかあらわれている。

たとえば、『北条五代記』に、「三十日の中、伊豆一国治りぬ」とあるが、伊豆平定がたった三〇日で成ったとするのはまちがいで、実際は四～五年かかっていたことが明らかにされた。

もう一つ、明応の地震・津波が関係していたとする新しい研究もある。

一例として、家永遵嗣氏の「北条早雲の伊豆征服――明応の地震津波との関係から」(『伊豆の郷土研究』二四集)は、早雲の伊豆平定に地震・津波が大きく関係していたことを明らかにしている。

明応地震といわれる地震は二回あった。まず明応四(一四九五)年八月一五日の地震で、それにともなう津波もあった。相模湾岸、三浦・房総半島などの沿岸に大きな被害が出たことは『鎌倉大日記』などに記されている。

そして三年後の明応七(一四九八)年八月二五日にも大地震が起きている。これは、マグニチュード八・二～八・四と推定される大地震で、南海トラフ地震とされている。明応四年の地震が相模トラフ地震とすれば、相模トラフ地震と南海トラフ地震が連続して起きたことになる。

この二度の地震による津波で伊豆半島沿岸は壊滅的な打撃を受けた。まさに、伊豆を支配下に置こうとする早雲にとってはピンチである。ところが、早雲はこのピンチを逆にチャンスとみたのである。そのあたりに早雲の危機管理能力のすごさをみることができる。

『北条五代記』によると、早雲は地震発生のあと、今川氏親から援兵三〇〇を借り、自分の兵二〇〇を合わせ計五〇〇で清水湊から船一〇艘《そう》で伊豆西海岸に向かい、松崎・仁科・田子・安良里に上陸している。

『北条五代記』では、そのとき、あたり一帯、風病が流行し、病人ばかりだったので、早雲はその病人たちを看病したため、敵対する者もなく、その後の伊豆支配が順調に進んだとしている。だが、実は、病人だったのではなく、津波に襲われ、逃げきれずにけがをした人たちの介抱をしたのではないかと考えられている。つまり、早雲の救援活動というわけである。

これまで、『北条五代記』の記述に従って、伊豆西海岸の村々を海賊が襲い、村人たちが病人を置いて山に逃げてしまったため、病気が蔓延《まんえん》してしまい、早雲たちが病人を介抱したとされていたが、実際は、津波被害にあっていたというわけである。

高台に逃れていた者たちが、この早雲の救援活動をみて、このあと、早雲の軍事行動に協力したとみることができる。早雲にとって、地震・津波というピンチはチャンスだったのである。

「目安箱の導入」にみる北条家の「ガバナンスの考え方」

北条早雲という名前は、厳密にいえば正しくない。自らは一度も北条という名字を使っていないし、北条を名乗りはじめるのは子の氏綱からだからである。正しくは伊勢新九郎盛時、出家して早雲庵宗瑞と称するので、最近の学術書では伊勢宗瑞としている。ここでは、通称の意味で北条早雲と記述する。

早雲は、駿河の戦国大名、今川氏親の家督相続によって頭角をあらわしている。氏親が早雲の姉の子、すなわち甥《おい》にあたっていたからである。

早雲はそのころ、今川氏の支配が手薄だった駿河東部の支配にあたるため、興国寺城（静岡県沼津市）に入っていた。ちょうど、伊豆の堀越《ほりごえ》公方家で内紛が起こり、その混乱に乗じ、明応二（一四九三）年、伊豆に攻め入った。早雲の伊豆討ち入りといわれている。

早雲は伊豆一国を平定したあと、さらに相模小田原城（神奈川県小田原市）を奪い、一代で伊豆・相模二カ国の大名となったのである。

伊豆平定のとき、明応地震の大津波というピンチをチャンスに変えていったことについては、前に触れている。

早雲の最晩年にみられる危機管理の施策について取り上げてみたい。二カ国の大名となって支配が順調に進むと、どうしても気のゆるみが生ずる。役人らの不正が次第に目につくようになってきたらしい。

そこで早雲は、永正一五（一五一八）年一〇月八日付で、はじめての虎印判状を出し、その対処に乗りだしているのである。ちなみに、この虎印判状というのは、「禄寿応穏《ろくじゅおうおん》」の四文字の上に、虎の姿が彫られているためにその名があるわけであるが、禄、すなわち財産と、寿、すなわち生命が「穏やかなるべし」との願望を印文にした印判である。

このあと、虎印判が戦国大名の家印としてすべての命令書に押される一番権威ある印判となるが、その第一号といわれる一〇月八日付の印判状で、郡代や代官で不正を働く者がいたら、「交名《きょうみょう》をしるし、庭中に申すべき者なり」と村々の百姓たちに不正摘発を指示しているのである。

不正を働く役人がいたら、それを直接、北条氏に訴え出ることができるよう「目安制」を導入し、それを百姓たちに奨励していたわけで、注目される施策といってよい。

実際、早雲の時代よりは後のことになるが、年貢を、本来は百姓が量って納入するところを、代官が量り、余分に取ったことが百姓たちからの訴えで露見し、更迭されるということもあった。

早雲は、この虎印判状を出したのを最後に第一線を退き、翌一六年八月一五日、伊豆韮山城（静岡県伊豆の国市）で没している。享年六四であった。

北条氏綱が進めた「ブランドイメージ戦略」の妥当性

小田原城を拠点にした戦国大名北条氏は、鎌倉時代の執権北条氏と区別するため、後北条氏とよばれている。初代北条早雲にはじまり、二代氏綱、三代氏康、四代氏政、五代氏直と、五代およそ一〇〇年にわたって関東に覇を唱えたことで知られている。

よく、早雲の出自について、「伊勢の素浪人だった」などといわれることがあるが、それはまちがいで、京都の名門伊勢氏の一族で、早雲自身は備中国荏原荘《えばらのしょう》（岡山県井原市）の高越山《たかこしやま》城主の子として生まれている。のち、姉が駿河守護今川義忠に嫁いでいた縁で駿河に下り、やがて、伊豆一国を奪取し、さらに相模も平定し、伊豆・相模二カ国の大名となった。

そして、伊勢から北条への家名変更は、早雲の死後、子氏綱のときに取りくまれている。それは、氏綱が、相模からさらに武蔵へ版図を広げていくときにあたっている。そのころ、武蔵国に勢力をもっていたのは扇谷《おうぎがやつ》上杉朝興《ともおき》で、朝興は、氏綱を「他国の凶徒」といい、武蔵武士の間にこの「他国の凶徒」宣伝がかなりいきわたっていた。

氏綱は、伊勢氏では武蔵武士になじみのある家名ではなく、「他国の凶徒」よばわりされて当然と考えた。相模および武蔵の武士たちになじみのある名字は何だろうと模索した結果、浮上してきたのが北条という名字だったのである。執権北条氏の受領名に、相模守および武蔵守が多いのに気がついた。鎌倉時代、幕府の実権を握っていた名門でもある。

では、氏綱が伊勢から北条に名字を変えたのはいつのことなのだろうか。現在のところ、署名でみると、大永三(一五二三)年六月一三日から九月一三日の間ということがわかっている。北条を名乗った効果はすぐあらわれた。扇谷上杉朝興の重臣の一人、江戸城の太田資高が氏綱の内応工作に応じてきたのである。資高はあの太田道灌の孫にあたる。

翌大永四(一五二四)年正月早々、氏綱はこの機を逃さず、大軍を率いて武蔵に討って出た。朝興側は武蔵を防衛しようと出陣し、正月一三日、両軍は武蔵の高縄原《たかなわはら》(東京都港区高輪周辺)において激突した。高縄原の戦いといわれている。氏綱にしてみれば、父早雲のあとをついではじめての大きな戦いであった。

この戦いに勝った氏綱は武蔵への第一歩をしるし、逆に、それまで武蔵で力をもっていた扇谷上杉氏の衰退につながっていった。家名変更の成果といってよい。

鶴岡八幡宮の再建に込められた「三つの意味」

戦国大名・北条氏の二代目氏綱が、名字をそれまでの伊勢から北条に変えたことはすでに触れた通りである。その氏綱は初代早雲、三代氏康の活躍にくらべるとやや地味で、これまではあまり注目されてこなかったように思われる。

しかし、危機管理という視点でみると、氏綱は大きな役割を果たしていたことが浮かびあがってくる。ここでは、氏綱による鶴岡八幡宮の造営事業についてみておきたい。

鶴岡八幡宮は周知のように源氏の氏神というだけでなく、中世都市・鎌倉の中枢に位置し、伊豆から相模に版図を広げた北条氏も尊崇していた。その鶴岡八幡宮が大永六（一五二六）年一一月、安房の里見義豊の軍勢に攻めこまれ、焼き払われてしまったのである。

里見の軍勢を撃退した氏綱は天文元（一五三二）年五月からその再建に着手することになるが、単なる一神社の再建にはとどまらない大きな意味をもたせていたのである。

一つは、家臣たちに宮殿や回廊などの作事を知行役として割りあてており、氏綱一人の造営ではなく、家中一丸になっての造営という位置づけをした点である。ややもすれば、ばらばらになりがちな家中を統制する意味あいをもたせた点は注目される。

二つ目は、この造営にあたり、郷村の百姓らも用材の運搬などの労役に従事したことで、郷村への役の賦課体制が整備されることになった点も見落とせない。

そして三つ目、これが一番重要だったかもしれないが、このとき、氏綱は伊豆・相模・武蔵の自分の領内から各種の職人を動員しているのである。それまで、百姓の掌握はかなり進んでいたが、職人まではつかんでいなかった。それだけではない。氏綱は京都や奈良からも腕のいい職人を集めていたのである。

大工・塗師《ぬし》といった職人が鎌倉に集まり、領内から動員された職人たちとの共同作業がはじまった。ちなみに、氏綱が京都・奈良の職人を集めることができたのは、氏綱の正室の父が関白近衛尚通《ひさみち》だったからといわれている。

当然、京都・奈良の職人は進んだ技術を身につけており、それら先進技術を領内の職人たちが学ぶことで、結果的にではあるが、関東の職人たちの技術も向上していくことになった。

こうして氏綱は、鶴岡八幡宮の造営（再建）という大事業を中心になって進めることにより、領国支配体制の強化とともに、それまでほとんど進んでいなかった領内の職人掌握にも成功したといえる。

「百姓を苦しめるな」と遺言した北条氏綱

戦国武将が残した家訓や遺言状をみると、ほとんどの場合、華美を戒め、質素倹約を励行するよう言い置いている。ふだんの生活が華美になることを極度に警戒していたことがうかがわれるわけであるが、それは、武将たちの危機管理ともつながっていた。

どうしても、ある程度の地位になると見栄を張りたくなるようで、もちろん、その背景には威厳を示すという必要性もあるわけであるが、その兼ね合いは意外とむずかしい。

たとえば、城の場合、立派で派手な城を築くことで、相手の戦意を挫《くじ》く効果はある。事実、豊臣秀吉が豪壮な城を築いたことで、戦わずに兜《かぶと》を脱いでくるということもあるので、華美に流れることすべてがマイナスというわけではないが、衣装だとか調度品などはとりわけ華美にする必要はないわけで、使いわけも必要になってくる。

では、武将たちは、なぜ華美になるのを戒めていたのだろうか。この点で注目されるのが、北条氏綱の遺言状である。氏綱は戦国大名北条氏の初代にあたる伊勢宗瑞（北条早雲）の子で、この氏綱のときから北条姓を名乗ったことでも知られている。

その氏綱が天文一〇（一五四一）年七月一九日に亡くなる直前の五月二一日付で、子氏

康に「北条氏綱公御書置」として五カ条の長文の遺言状を残している。その第四条に、

万事倹約を守るべし。華麗を好む時ハ、下民を貪《むさぼ》らされハ、出る所なし。倹約を守る時ハ、下民を痛めす、侍中より地下人・百姓迄も富貴也。国中富貴なる時ハ、大将の鉾先つよくして、合戦の勝利疑ひなし（下略）。

とあり、なぜ倹約が必要なのかを端的に述べている。

要するに、大名が華美な生活をするためには、領民から搾取をすることになり、領民が疲弊するからというのが主な理由である。

華美な生活を送るための財源は氏綱がいうように、領民から貪らなければ出る所はないわけで、必然的に増税とならざるをえない。そうなれば国力が落ちることは目にみえている。氏綱が子氏康に伝えたかったのはまさにこの点であった。

なお、氏綱はここに引用した文の続きで、父早雲のことにも触れている。「亡父入道殿ハ、小身より天性の福人と世間に申候。さこそ天道の冥加にて可在之候得共、第一ハ倹約を守り、華麗を好ミ給ハさる故也」という。この亡父入道殿というのが伊勢宗瑞、すなわち北条早雲のことである。

その早雲も「早雲寺殿廿一箇条」の第六条で、「刀・衣装は、人の如《ごと》く結構にあるべしとおもふべからず」といっている。刀や衣装は、立派なものである必要はないという教えだ。

今川・武田・上杉に囲まれた北条氏康の「戦略的撤退」の凄さ

北条氏と今川氏は、本来、姻戚関係にあり、同盟関係にあった。

北条氏初代の北条早雲（伊勢宗瑞）の姉が今川氏親の母で、早雲も伊豆討ち入りのときには氏親の力を借り、氏親も駿河から遠江に版図を広げる段階では早雲の力を借りていたのである。

ところが天文五（一五三六）年、「花蔵《はなぐら》の乱」とよばれるお家騒動の末に今川氏の家督をついだ今川義元が、それまで北条氏と一体となって敵対していた甲斐の武田信虎と手を結んだ。怒った北条氏綱は駿河に攻め入り、駿河国の富士川以東の駿東郡・富士郡を占領する事態となった。これを「河東一乱《かとういちらん》」とよんでいる。

この北条・今川両氏の断絶状況は、氏綱が亡くなって子の氏康の代になっても継続していた。武田氏でも信虎から晴信、すなわち信玄に代替わりしており、今川義元・武田信玄対北条氏康という対立の構図がしばらく続いていたのである。

そのころ、北条氏康は山内《やまのうち》上杉憲政、扇谷上杉朝定、それに古河《こが》公方足利晴氏の三人を敵にまわしていた。駿河の方では、今川義元が旧領奪還に動きだし、氏康としては両方を敵にした形で苦しい状況となった。まさに危機的状況である。

事態が大きく動いたのは天文一四（一五四五）年七月だった。義元が駿府を出陣し、北条方の最前線となっていた吉原城（静岡県富士市）を攻略し、さらに北条方の拠点となっていた長久保城（静岡県長泉町）を囲みはじめた。

そのことを知った氏康は、長久保城救出のため出陣し駿河に入ったが、武田信玄が富士郡まで出てきたことを知った。そこで氏康は義元・信玄の二人を相手にするのは得策ではないと判断して伊豆の三島に退却し、しばらく戦線は膠着《こうちゃく》状態となった。

このとき、氏康の軍勢が伊豆・駿河国境付近に集結しているという情報を得た憲政・朝定の両上杉軍が好機到来とばかり、北条綱成および大道寺盛昌らの守る武蔵河越城（埼玉県川越市）に迫ってきた。

そこで氏康は、思い切って駿河からの撤退を決断する。ちょうど、信玄が義元との和平を仲介してきたので、長久保城を開城し、駿河から軍勢を撤収させ、義元と講和しているのである。

結果的にこのことが、その後の北条氏の発展につながっていく。翌一五（一五四六）年四月二〇日、史上有名な河越夜戦で、敵を一本に絞った氏康が、関東の旧勢力である両上杉軍と古河公方軍を撃破することに成功する。その勝利をもたらしたのが駿河からの撤退だったわけである。

北条領の経済危機を救った「所得倍増策」

北条氏康は戦国大名北条氏の三代目で、北条早雲（伊勢宗瑞）の孫にあたる。軍事面でも、河越の戦いで関東の旧勢力山内上杉氏・扇谷上杉氏・古河公方連合軍八万を、わずか八〇〇〇の兵で破った名将であるが、それ以上に注目されるのが内政面での手腕である。

氏康が家督をついだころ、大地震や風水害が続き、北条領は危機的状況に陥っていた。氏康自身、文書の中で「国中諸郡退転」と表現しているように、耕作をする百姓が土地を捨て、逃げ出す状況が生じていたのである。

百姓がいなくなれば、当然、田畑は荒れ、年貢収入がみこめないわけで、領主としては一大事である。そうした危機に直面した氏康は思いきった改革に着手した。その一つが税制改革である。北条氏は初代早雲のときから、基本は四公六民、つまり、収穫量の四〇%を年貢として納入する形で、この低率は他国の百姓もうらやむほどだったという。氏康は年貢率はそのままに、その他の税の納め方を新しくしているのである。

それまで、百姓たちは、年貢のほか、反銭《たんせん》や棟別銭《むねべちせん》を納入しなければならず、それ以上に「諸点役《てんやく》」とか「諸公事《くじ》」といわれる種々雑多な税も負担しなければならなかった。

そこで氏康は、一〇〇貫文の土地から六貫文の割合、すなわち六％の税率の反銭と、一〇〇貫文の土地から四貫文、四％の懸銭《かけせん》にまとめ、「六％＋四％＝一〇％」の税に統一したのである。百姓たちは年貢と棟別銭のほか、貫高のちょうど一割を出せばよくなったのである。

そしてもう一つが徳政令である。氏康は、農村疲弊の責任を取って、永禄二（一五五九）年一二月、家督を子の氏政に譲って隠居したが、農村復興対策を主導したのは氏康で、翌三年には、領国全域の村々に債務を破棄する徳政令を発している。

これは、現在、二月晦日付から三月一六日付にかけて、伊豆や武蔵の村々宛ての文書が残っている。「諸百姓御侘言申付而御赦免條々」とあるように、百姓たちからの訴えを受けて取られた施策で、「借銭・借米を徳政とする」、すなわち免除するというものである。

なお、注目されるのは、氏康が年貢などの徴収方法をそれまでの銭納から、米・麦といった生産物の現物納に転換している点である。百姓たちは、年貢などを納入するための銭貨を調達することができず、氏康は、それも年貢納入が滞った理由とみたのであろう。

こうして、未曽有の飢饉《ききん》という文字通りの危機が、逆に、氏康の農村復興を後押しする形となり、関東を代表する戦国大名へと大きく飛躍していくことになる。

上杉の脅威に直面した北条氏照の「引っ越し大作戦」

北条氏照は北条氏康の三男で、天文九（一五四〇）年の生まれである。氏康の養子送りこみ戦略の駒として、武蔵国由井《ゆい》城（東京都八王子市）の城主大石源左衛門綱周《つなちか》の婿養子となり、はじめ大石を名乗り、やがて北条を名乗っている。

永禄三（一五六〇）年一二月、上杉謙信は先鋒《せんぽう》を相模に攻めこませた。そのときの由井城の城主は氏照であったが、上杉軍を防ぐことはできず、謙信は翌年二月に鎌倉入りをし、ついに三月一三日からは北条氏の本拠小田原城を包囲している。

結局、北条側は小田原城での籠城戦法をとり、謙信は城を落とすことができず、撤退していったが、氏照は再度の上杉軍の相模侵攻を想定し、武蔵で上杉軍を防ぐべく、新たな城を築くことになった。これが滝山城（八王子市）である。

ただ、氏照による滝山城築城がいつのことなのかは史料がなく不明である。永禄四（一五六一）年の謙信による小田原攻め後であることは確実で、たしかな史料に「滝山」と出てくるのは六年後の同一〇（一五六七）年のことである。現在のところはその間の築城としかいえない。

ふつう、このような場合、本来の居城だった由井城を拡幅したり修築するところであるが、氏照は思いきって城を移している。そのねらいは、一つには、婿養子として入った大石氏の居城から出ることによって、それまでの大石色を払拭《ふっしょく》する点があった。

そしてもう一つがその立地である。城の北側に多摩川が流れ、それが防衛線となっており、南側には小田原に通ずる幹線道路が通っていた。つまり、北からの敵を防ぐと同時に、本城である小田原城を結ぶルートが確保されていたのである。

城の移転というと、どうしても織田信長が引きあいに出されるが、信長が清須城から小牧山城に城を移したのは永禄六（一五六三）年のことなので、この氏照による由井城から滝山城への移転の時期と大きく変わらない。しかも氏照はこのあと、さらに滝山城から八王子城に城を移しており、信長とくらべても遜色がないといってよい。

氏照の滝山城から八王子城への移転の時期もはっきりしていない。天正一〇（一五八二）年ごろから築城工事がはじまり、同一五年までには移転が完了したといわれている。北条氏の当主である北条氏政・氏直父子が豊臣秀吉との戦いを意識して領内の防衛態勢づくりに力を入れるのがその一五年からなので、氏照の八王子城築城はその先どりといえるのかもしれない。

三　上杉家&今川家にみる「リーダーの資格」

「隠居宣言」で家臣をまとめた上杉謙信の「謙虚さ」

戦国合戦の勝率第一位といわれ、「軍事のカリスマ」などと評される上杉謙信。謙信に対しては、家臣たちも最初から采配に服従していたかのように考えられているが、それはまちがいである。謙信にも、家臣を統轄しきれない危機的状況があった。

では、その危機をどう乗り越えたのであろうか。

周知のように、謙信は長尾為景の末子として生まれ、為景死後、家督は兄晴景がついでいた。しかし、晴景にリーダーシップがなく、家臣たちに推される形で謙信が家督をつぎ、越後一国をまとめることに成功し、甲斐の武田信玄とも戦えるだけの力をもつようになっていった。

ところが、そんな謙信の登場にもかかわらず、越後の国衆たちそれぞれの独立性は強く、家臣同士の所領争いが頻発し、謙信の命令に従わない者が続出した。

謙信は軍事面では有能でも、領国経営の点ではまだ未熟だったのであろう。独立性の強い家臣を抑えこむことができず、再び国内が内乱状態になりそうな、まさに危機的状況が生まれていた。

そのとき、謙信がとった手は、大方の予想を覆す、まさに意表をついたものだった。何と国政をほうりだし、「隠居したい」といいだしたのである。

今日、謙信が「隠居したい」といいだしたことがわかるのは、弘治二（一五五六）年六月二八日付で、自分の師であった天室光育禅師に宛てた書状（『越佐史料』巻四）である。天室光育は、春日山城下の林泉寺で、子どもだった謙信を育てた名僧である。

その書状に、このときの謙信の心情がつづられている。長文なので、かいつまんでみると、「家臣たちの考えがまちまちで、自分は家臣から見放されているように思う」といい、「昔の人も、功成り、名を遂げて身退くといっているので、自分もそうしたい」と、戦国大名の座から降りたいとしている。隠居をほのめかしているわけで、これには家臣たちもびっくりした。

何かごたごたがあったとき、それを上からの力で抑えつけるのがふつうで、かなり強い力をもった戦国大名が一般にとる手である。このときの謙信ならば、命令に服さない当事者双方を処罰してしまうことだってできたはずである。ところが、謙信はあえて、そうした強権発動の道をとらず、自らが身を引くことを公表し、内部からの自浄作用が生まれてくるのを待ったのである。

よく、「雨降って地固まる」というが、このときはまさにそうだった。謙信に隠居されたら困ると思った重臣たちが相談し、そのころ一番発言力のあった長尾政景が慰留工作に乗り出し、謙信も隠退宣言を撤回し、結果的に、謙信の権力強化につながっている。

孤高の武将・上杉景勝にみる「引き際の美学」

上杉謙信の死後、御館《おたて》の乱とよばれる家督争いに勝利して家督をついだ上杉景勝は、武田勝頼と結んでいたため、天正一〇（一五八二）年の段階で危機的状況にあった。

武田家を滅亡に追いこんだあと、織田信長が柴田勝家に命じて上杉領に攻めこませたのである。そして、勝家の軍勢が景勝の最前線の城となっていた越中の魚津城（富山県魚津市）を攻めているとき、本能寺の変が起こり、景勝は命拾いをしている。

このあと、羽柴秀吉の有名な「中国大返し」があり、山崎の戦いで明智光秀を破り、秀吉が柴田勝家より優位に立つことになるが、勝家が出遅れたのは、上杉景勝の動きがあったからである。

というのは、勝家が魚津城を落とした直後、景勝が信長の横死を知り、魚津城奪還の動きをみせたため、勝家がすぐに兵を引くことができなくなったからである。

景勝としては、秀吉の勝利に手を貸したという意識はなかったと思われる。しかし、結果的に、秀吉は「山崎の戦いで勝てたのは、景勝が勝家を牽制してくれたからだ」と考え、早くもその年の終わりごろには景勝に対し提携を申し出ている。

そして翌天正一一（一五八三）年四月の賤ヶ岳《しずがたけ》の戦いを迎える。勝家と秀吉の覇権を争ったこの戦いで、勝家は全軍を賤ヶ岳周辺に送りこむことができず、背後を突かれることを警戒し、兵の一部を景勝対策として越中に残していたのである。これも結果的にということになるが、景勝が秀吉の勝利に手を貸した形となり、秀吉にとって景勝との提携が意味をもったことになる。

しかし、賤ヶ岳の戦いで勝家を破り、織田政権を引きつぐ形となった秀吉は、それまでの態度を変え、景勝に服属を求めてきたのである。まさに、景勝にとって危機的状況であった。このとき、景勝は重臣筆頭で執政などともいわれる直江兼続の意見をいれて、一族の上条宜順《じょうじょうぎじゅん》の三男弥五郎を養子とし、秀吉に人質として送り、服属を表明している。

信長の家臣だったわけではなく、独立した戦国大名だった者が秀吉に服属を表明した最も早い例といわれている。このことによって上杉家は豊臣大名、さらに徳川大名として生き残ることになる。

景勝は天正一四（一五八六）年六月一四日、大坂城において秀吉に謁見している。秀吉も喜んで自ら大坂城内を案内したあと、茶室で秀吉自らがお茶をたてて景勝に勧め、景勝に従った直江兼続には秀吉の御茶頭千利休がお茶をたてていたことが知られている。

独立大名だった者が秀吉に臣従するということは相当な決断だったと思われる。

リストラなしで減封を乗り切った直江兼続の「新規事業」

慶長五（一六〇〇）年の関ヶ原の戦いで西軍についた上杉景勝は、それまでの会津一二〇万石から米沢三〇万石へ大幅な減封となった。その上杉景勝の執政だったのが直江兼続である。

ふつう、このような場合、石高が四分の一になるので、家臣の数を四分の一にするところであるが、兼続はそれをしていない。

もちろん、いまでいう希望退職は募ったが、行くあてのない家臣の首切りはしないで、ほとんど米沢に連れて行っている。「禄《ろく》は減ってもついて行きます」という家臣が多かったものと思われる。

では、兼続は、余剰人員といってもよい家臣たちをどうしたのだろうか。実は、家臣たちを一種の屯田兵《とんでんへい》に組織したのである。

当時、これを原方衆《はらかた》とよんだが、間口六間（一間は約一・八メートル）、奥行き二五間、すなわち一五〇坪の敷地を城下のはずれに与えて住まわせるとともに、その土地に続く荒れ地を開墾させているのである。そばや豆などを植え、租税はふつうの農民の半分としたといわれている。

これを「達三《たつさん》開き」とよんだという。達三とは、兼続の法名達三全智《ぜんち》からきている。また、兼続は、綿や漆の栽培も奨励し、石高が四分の一に減った危機を何とか乗り切っているのである。注目されるのは、主君景勝の居城普請より先に堤防工事に着手していることである。

ふつう、主君の城づくりが優先されるところであるが、兼続は民政の方を優先させている。米沢城下には松川という大きな川が流れており、よく氾濫したという。兼続は家臣たちを動員して大きな石を運ばせ、それを積んで堤防をつくっているのである。今日、「直江石堤《せきてい》」とよばれ、一・二キロメートルほど残っている。

それだけではない。兼続は上杉家存続のために自らを犠牲にする離れ業を演じてみせているのである。上杉家は石高を減らされただけでなく、いつ徳川家につぶされてもおかしくない状況に置かれていた。そのあたりを的確に読みとった兼続は、徳川家とのパイプ役を自ら買って出ているのである。

兼続には正室お船《せん》との間に景明《かげあき》という実子がいたにもかかわらず、家康の懐刀などと評される本多正信の次男政重を養子とし、長女於松《おまつ》の婿に迎えている。

慶長九(一六〇四)年閏八月中旬のことである。兼続は養子とした政重を通して幕府の意向を早くキャッチすることができたわけである。

政重の兄が本多正純であり、正純も家康の側近ナンバーワンになっているので、幕府首脳とコンタクトを保つことで、主家である上杉家存続をみごとに勝ち取っているのである。

関所を新設した今川義元の「二つの狙い」

駿河・遠江二カ国を支配した段階の今川氏親が制定した「今川仮名目録」は、東国初の分国法として知られているが、その第三〇条に他国との通婚禁止の規定がある。今川家臣は氏親の許可なく、他国から嫁を迎えたり、婿に取ったり、娘を遣わしたりしてはならないという内容である。

この氏親の制定した「今川仮名目録」を子の義元がさらに追加したものが「仮名目録追加」で、その第一七条にさらに厳しい規定が盛りこまれていた。他国から音信があった場合、義元の承諾なく勝手に返信してはならないというのである。これは明らかに義元の危機管理といってよい。

そして、このことと関係すると思われるのが、義元による関所の新設である。

関所といえば、どうしても織田信長による関所撤廃ということがあるので、関所の新設というと、そうした先進的施策に逆行する動きをとっているように思われるかもしれない。しかし、関所設置には二つの意味があったのである。

一つは監視のための関所で、もう一つは関銭徴収のための関所であった。

実は、信長が撤廃した関所というのは、この二つ目の関所が主だったのである。どうしても、江戸時代の箱根の関所などのイメージが強いため、関所イコール監視目的と思いがちであるが、戦国時代までの関所は、むしろ関銭、つまり通行税徴収の関所が主流だったのである。

荘園領主が、自分の荘園内に街道が通っていれば、勝手に関所を設け、通行人から通行料をまきあげていたのである。信長は、荘園領主の財源をたち切る目的と、商人たちの自由な往来を保障するため、関所撤廃にふみきったのである。

では、一見、時代の流れに逆行するかにみえる義元による関所新設のねらいは何だったのだろうか。結論からいってしまえば、前述した「仮名目録追加」第一七条との関連から、情報漏洩を防ぐのがねらいだったものと思われる。

義元の時代、実際の文書が何通も残っているが、他国に行く者に「伝馬手形」というものを出している。通行証、いま風にいえばパスポートで、これを持っている者だけが関所を通過できるしくみだった。

もう一つ注目されるのは、関所の管理を家臣や寺院にまかせていたことである。関銭徴収権も与えられているので、家臣たちにしてみれば知行ということになり、寺院の場合には寺領と同じ意味になる。情報漏洩を防ぐとともに一石二鳥の施策であった。

今川義元が愛用した「魔除けのハンコ」の効果

戦国時代は印判状の全盛時代だった。印判状とは、武家や武将の印判（印章）を押した文書のこと。朱肉で押す「朱印状」のほか、「黒印状」などがある。

印判には、武田信玄の「竜の印判」のように、竜の姿を彫っただけのものがあれば、北条氏の家印である「虎の印判」のように、図柄の虎とその下に「禄寿応穏」の四文字が彫られたものもあり、文字だけのものも少なくない。織田信長の「天下布武」印は特に有名である。

そうした印判の印文の中にはやや変わったものもあり、駿河・遠江・三河の東海三カ国を支配した今川義元の印文は「如律令《にょりつりょう》」の三文字である。文字通りに読めば、「律令のごとくせよ」の意味で、「法令を順守せよ」といった意味にとらえられるが、どうもそれだけではなかったようである。

というのは、「如律令」は「喼急如律令《きゅうきゅうにょりつりょう》」からきていると考えられるからである。この「喼急如律令」は「急急如律令」とも書かれるが、陰陽道の呪文の一つだった。

広辞苑で「急急如律令」を調べると、「悪魔を退散させる呪文」とある。俗にいう「桑《くわ》原桑原《ばらくわばら》」と同じである。

戦国城館跡《あと》の発掘現場から「喼急如律令」あるいは「急急如律令」と書かれた呪符木簡が多数出土しており、人びとが災難除け、魔除けとしてこの言葉を使っていたことが知られている。

では、今川義元が呪文である「如律令」を印文にしていたのはどうしてなのだろうか。

ここで想起されるのが、義元は今川家の家督をつぐ前の若いとき、京都で生活していたことがあったという点である。

京都の祇園社は疫病をはやらせる神「牛頭《ごず》天王」を祭ったもので、祇園祭のときに疫病除けの護符が配られる。それと同じく「喼急如律令」も疫病信仰と結びついていたと考えられる。

義元が用いた「如律令」印は二種類あり、一つは直径五・二センチの正円形であり、天文一三（一五四四）年から弘治二（一五五六）年まで使用されていたことが確認される。もう一つが角印で、これは七・二センチ四方の大型の印で、永禄二（一五五九）年から亡くなる翌三年までの使用が確認されている。注目されるのは、義元死後、子の氏真が使い続けていた点である。その意味で角印の「如律令」印は今川家の家印といってよい。

おそらく、義元も氏真も、領内の安寧を願い、悪魔退散の願いをこの呪文にこめたものと思われる。

第四章

「小よく大を制す」地方大名のサバイバル虎の巻

上洛《じょうらく》を目指し、熾烈《しれつ》な戦いをくり広げる戦国の英雄たちの背後で、地方の有力武将たちが、隙あらば取って食わんと虎視眈々と狙っていた。

京および政権との微妙な距離感とともに、各地方なりの特殊事情にも対応をせねばならず、戦国の諸侯は頭を悩ませた。

所領の経営に注力しつつ、天下統一という荒波に対して、生き残りを模索した地方大名たちの危機管理法をみていこう。

一 戦国武将の生死を分かつ「窮余の一策」

敵と同時に父を討った伊達政宗の「謎の行動」

伊達政宗は、天正一二(一五八四)年一〇月、父輝宗から譲られて、伊達家の家督についた。輝宗四一歳、政宗一八歳のことである。

そして、家督をついだばかりの政宗は、翌一三年閏《うるう》八月、小手森城《おでのもり》（福島県二本松市）の大内定綱を攻め、城を落とすことに成功した。

武将として幸先のよいスタートを切った形であるが、その直後、思わぬ展開が待ち構えていた。自分の手で父親を殺さなければならないという究極の危機である。

政宗が小手森城を落としてすぐ、それまで輝宗に敵対していた二本松城主の畠山義継が、一〇月六日、「降伏したい」と輝宗に申し出てきて、条件についての話しあいがもたれ、その二日後、再度、輝宗を訪ねてきた。ところが、このとき、挨拶が終わって別れ際、義継が輝宗を拉致し、馬に乗って走り去ってしまったのである。全く予期していなかったことであり、伊達成実《しげざね》ら家臣は、すぐ、小浜城（二本松市）にいた政宗に緊急事態を告げるとともにあとを追った。

輝宗を抱えた義継が阿武隈川を越える直前、政宗がそれに追いついた。この日、政宗はタカ狩りに出ており、鉄砲を持っていたが、それをみた輝宗は義継に抱えられたまま、政宗に向かって、「かまわぬ、義継を撃て、父とともに撃て」と叫んだのである。

政宗は躊躇したが、阿武隈川を越えられるとすぐ二本松城なので、そこに父輝宗が連れ込まれるとまずいと判断し、部下に鉄砲を撃つことを命じた。

結果、義継もろとも父輝宗も鉄砲に撃たれて死んでしまった。

この事件を畠山義継のはじめからの計画的行動とみれば、理解は容易である。降伏はみせかけで、輝宗を拉致して政宗との戦いを有利にもっていくためだったと解釈することができる。

そうみれば、政宗としてはやむをえず、父の言葉に従って鉄砲を放ち、その結果として父輝宗が死んでしまったということになる。当然のことながら、近世の伊達家ではこの考え方をとっている。

ところが、この解釈には異論もある。政宗は初めから義継と一緒に輝宗を殺す計画を立てていたとする見方だ。

まず、義継に輝宗を殺させ、自分は父の仇《あだ》を討つといって義継を殺す予定であったが、案に相違して義継が輝宗を人質に取って逃げてしまったので、義継と一緒に輝宗を殺したのだという。

政宗が父輝宗を殺さなければならない必然性がないので、この考え方は成りたたないと思われるが、謎が残る事件ではあった。

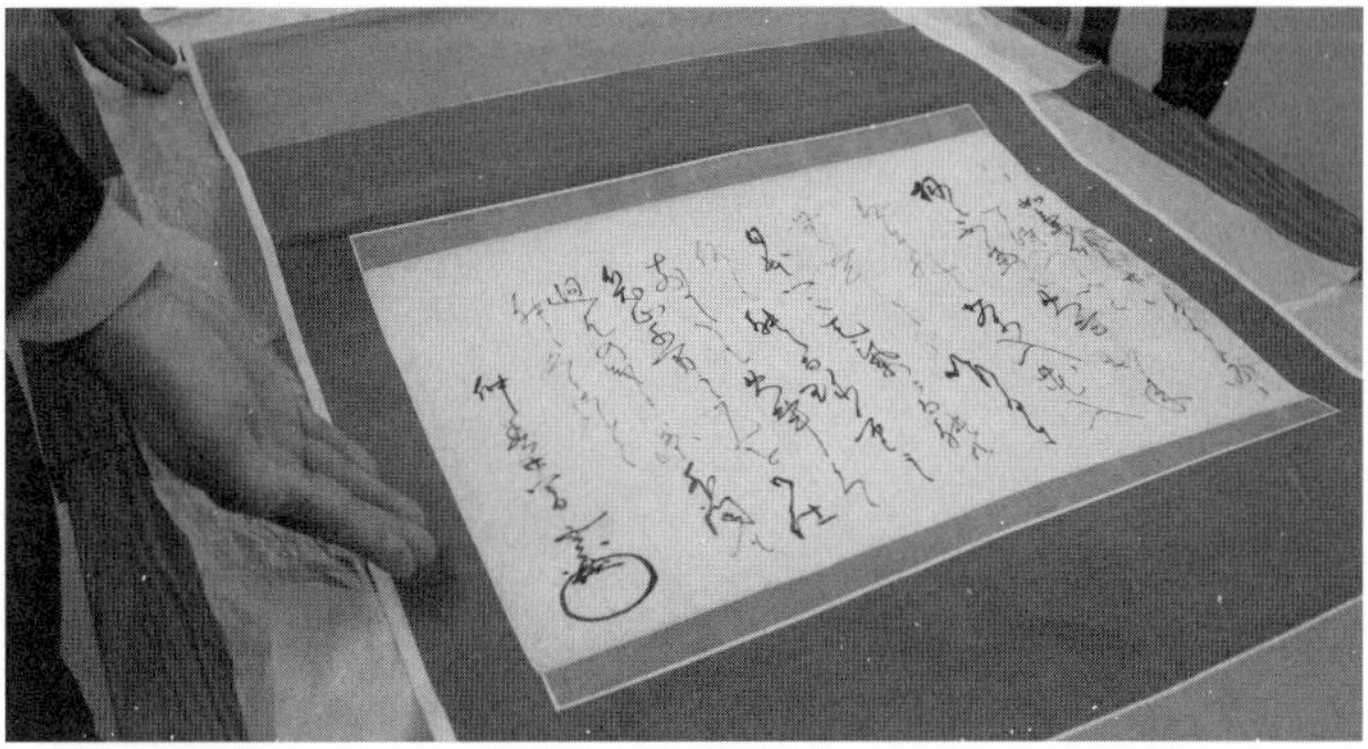
伊達政宗直筆の書状

毒殺の危機を救った伊達家秘伝の「毒消し薬」

戦国時代は、幕末・維新期と並んで、要人たちにとって、暗殺の危険がとりわけ多い時代だった。刀・槍《やり》や鉄砲といった武器による襲撃のほか、毒殺される恐れもあった。

美濃の戦国大名斎藤道三が、どのようにして成りあがったかの顚末《てんまつ》を記した「六角承禎《じょうてい》条書写」によっても、道三が土岐氏や長井氏の一族・兄弟衆を「毒害」によって亡きものにしてきたことがみえる。

そこで武将たちは、いかにして毒殺されずに生きのびるかを考えるわけであるが、よく知られているのは、お毒味役の存在である。出された料理をいきなり食べるのではなく、お毒味役として連れていった家臣に一口食べさせてみて、安全を確認して食べるというものである。

もっとも、お毒味役にあらかじめ食べさせるというのも、相手によっては失礼な行為になるので、いつもできたわけではない。そこで、毒を盛られたということがわかったとき、毒消しの薬を飲んで、自分の身を守ることになる。伊達政宗の例はこれに該当する。

天正一八（一五九〇）年四月五日のことである。政宗は翌日、豊臣秀吉のはじめた小田原攻めに参陣のため、黒川城（会津若松城）の西館に母義姫を訪ねた。小田原参陣を知った義姫が「一献さしあげたい」といって政宗を招待したという。

そこで母の心づくしの料理を食べたところ、たちまち激しい腹痛に襲われ、「しまった。毒を盛られた」と判断した政宗は、その場で食べたものを吐き出し、持っていた撥毒丸《はつどくがん》を服用し、一命をとりとめたといわれている。

母義姫による政宗暗殺未遂事件ということになるが、この事件の真相は実はよくわかっていない。

通説では、政宗毒殺に失敗した義姫は黒川城を出奔し、兄最上義光《よしあき》の山形城に逃げたといわれているが、実際はしばらく黒川城にいたことが明らかである。

ただし、その直後、政宗は弟の小次郎を殺しているので、何らかの陰謀があったらしいが、義姫が毒を盛った張本人だったかどうかはわからない。

このように、武将たちは常に毒殺の危険があったので、ある程度、自分で身を守るための医学・薬学の知識は持っていた。子どもの頃から、禅僧などに学んでいたからである。

戦国時代の名医といわれる曲直瀬《まなせ》道三も田代三喜斎《さんきさい》もともに足利学校の卒業生だった。

足利学校は栃木県足利市にあった教育機関で、易学や天文学とともに医学も教授されていた。

足利学校を卒業した人たちが各地の戦国大名の軍師に招かれ、医学・薬学の知識を広めており、武将たちも自分の身を守るための毒消しの常備薬を持っていたのである。

伊達政宗の得意技「命がけのプレゼン」の説得力

伊達政宗ほど何度も危ない橋を渡った武将はいないのではなかろうか。

一度目は、天正一八（一五九〇）年六月の小田原参陣遅参である。豊臣秀吉による小田原攻めのとき、政宗にも参陣が求められたが、政宗自身が参陣に消極的だったこともあり、出陣が大幅に遅れ、秀吉の本陣に顔を出したときには、すでに戦いの終盤を迎えていた。

政宗一行は、箱根の底倉《そこくら》というところに押し込められてしまった。そのとき政宗は、何と、前田利家に「千利休の茶の湯の教授を受けたい」と申し出ているのである。死の覚悟を決めた政宗が、死ぬ前に一度でいいから、天下に名だたる利休のたてたお茶を飲んでみたいと思ったのかもしれないが、このことが秀吉の気を引いたことはたしかである。

結局、政宗は石垣山城の普請場に呼び出され、秀吉に謁見することになった。そのとき、政宗は髪を水引で結び、死装束で秀吉の前に出た。まさに開き直りのパフォーマンスで、秀吉は政宗を許している。

二度目は、翌天正一九（一五九一）年二月、政宗の葛西・大崎一揆加担の疑惑が浮上し、秀吉から京都に呼び出されたときである。

このとき政宗は、わずか三〇人ほどの供を連れただけであったが、何と、政宗自身、死装束で、しかも、行列の先頭には金箔《きんぱく》を押した磔柱《はりつけ》があった。これには沿道の人びとも度胆を抜かれたと思われる。おそらく、そのうわさは秀吉の耳に入っていたろう。ただし、そのとき、秀吉がどのような反応を示したかは伝わっていない。

このあと、政宗の一揆加担の証拠となる文書をめぐってのやりとりがあり、政宗は、証拠とされた文書に「花押の部分に針の穴がない」と言い逃れたエピソードが続く。政宗の花押は鳥の鶺鴒《せきれい》の形をしていて、政宗が出した文書は、鳥の目の部分に小さな針の穴があるというのである。秀吉もそれ以上追及することができず、一揆加担の件は不問に付されることになったという。

このように、二度までも危機的状況を何とか乗り越えた政宗であったが、もう一度危ない橋を渡っている。文禄四（一五九五）年のいわゆる「秀次事件」のときのことである。「秀次事件」は、秀吉の甥《おい》の秀次失脚にかかわるできごとで、秀次が切腹させられただけでなく、何人もの大名が連座し、政宗も連座させられる危険があった。そのとき、詰問使として秀吉から遣わされた前田玄以《げんい》と施薬院全宗《やくいんぜんそう》に向かって、政宗は秀次と親しくしていたことを素直に認めた上で、開き直りといってよい発言をしている。

かいつまんでいうと、「秀吉様ともあろうお方がお眼鏡ちがいを起こしたのだ。この片目の政宗が秀次殿を見損じたのは道理であろう」といったというのである。秀吉もそれ以上、政宗を追及しなかったという。

百万石の約束を反故にされた政宗の「財政再建策」

伊達政宗は慶長五（一六〇〇）年の関ヶ原の戦い直前、五八万石だった。政宗を何としても自分の陣営に取りこみ、上杉景勝への押さえとしたいと考えた徳川家康は、大幅な加増を約束し、政宗を味方とした。そのときの家康からの約束手形が「百万石のお墨付き」といわれるものである。

関ヶ原の戦いに勝利すれば、政宗に陸奥国の刈田・伊達・信夫・田村・二本松・塩松・長井の七カ所を与えるというもので、この七カ所の石高合計はおよそ五〇万石だった。つまり、それまでの五八万石に五〇万石がプラスされ、政宗は一躍一〇〇万石大名になるわけで、その約束手形は「百万石のお墨付き」といわれたのである。

そこで政宗は一〇〇万石にみあう軍役を果たすべく新たに家臣を採用したわけであるが、

思わぬ勇み足から約束手形が反故にされてしまったのである。

これは政宗の失敗で、政宗が家康の指示を越えて上杉領に攻め入ったり、和賀一揆を煽動したりしたことが家康の機嫌をそこね、戦い後の論功行賞ではたった二万石の加増にとどまってしまったのである。

こののち、仙台藩の表高は六二万石となるが、一〇〇万石には程遠く、まさに計算ちがいで、政宗と仙台藩にとって危機的状況である。

このような場合、ふつうならば余剰人員の整理、すなわちリストラをするところであるが、政宗はリストラをせずに乗り切っているのである。このあたりに政宗の経営手腕をみることができる。

政宗のこのときの財政再建策は二つあった。

一つは積極的に新田開発に取りくんだことである。政宗の所領には野谷地《のやち》とよばれる未開墾地がたくさんあった。野谷地というのは、葦《あし》などが茂る低湿地で、荒れ地のままに放置されていた土地である。政宗はそうした土地に流れこむ河川の改修に取り組んでいる。

具体的には、北上川・迫川《はざま》・江合川《えあい》などであるが、それら河川の改修工事とタイアップしながら、低湿地を埋め立て、そこを水田としていった。

その結果、石高は三〇万石ほどアップしたといわれている。前述のように表高は六二万石のまま、実際の収入は九二万石あった。政宗がこうした新田開発を積極的に進めたのは、伊達家の家臣が他の大名家より石高の割には多かったからである。

もう一つの施策が買米《かいまい》制である。百姓たちは年貢として納めた米の残りを売って生計をたてることになるが、悪徳商人に安く買いたたかれるということも少なくなかった。そこで政宗は百姓たちから正当な値段で買いあげ、それを江戸に送って売却しているのである。

「死中に活」佐竹義重に学ぶ「覚悟の養い方」

常陸の守護大名から戦国大名となったのが佐竹氏であるが、その中興の英主といわれるのが十八代の佐竹義重である。天文一六(一五四七)年の生まれで、永禄五(一五六二)年、一六歳で家督をつぎ、近隣諸大名との戦いに明け暮れた。はじめのうち、小田・那須・白河・蘆名《あしな》氏などと戦い、その後、北条氏との間ではげしい戦いをくりひろげ、勇猛な戦いぶりから「鬼義重」との異名をとったほどである。

義重は北条氏との対抗上、早くから豊臣秀吉に通じており、そのパイプ役となっていたのが石田三成であった。三成の家臣が検地奉行として常陸に入り、太閤検地の指導をしていたし、宇都宮氏の家督争いで、子義宣が連座する危険があったときも、三成の取り成しことなきを得ていた。

そのため、慶長五（一六〇〇）年の関ヶ原の戦いのときは優柔不断な態度をとったため、当主義宣は常陸水戸五四万六〇〇〇石から、出羽久保田（秋田）二〇万五〇〇〇石に大幅な減封処分を受けている。

新しい佐竹氏の所領となった地域には改易された小野寺氏の支配地域が含まれており、小野寺氏旧臣の不穏な動きが予想された。ここにおいて、義宣の父義重のみごとなまでの危機管理が功を奏するのである。

義宣が久保田城に入り、義重は不穏な動きのありそうな六郷城（秋田県美郷町六郷）に自ら志願して入り、反佐竹一揆に備えている。この用心深さがあったため、子義宣の新領地支配が順調に進んだことはたしかである。場合によっては、子義宣のためには、六郷城で命を落としてもいいといった覚悟があったものと思われる。

そして、この義重の危機管理につながる用心深さを物語るエピソードがいくつか伝えられているのである。

一つは寝所に関するもので、義重は、小姓が敷いた布団の位置を自分で毎晩ずらしていた。忍びの者などによって暗殺されることを警戒していたわけで、しかも、念には念を入れ、戸口には内側から厳重に鍵をかけ、しかも、部屋にはいくつも衝立《ついたて》を置いていたという。家中の者にまで心を許すことができなかった戦国武将の日常を象徴しているといえそうである。

もう一つは危機管理というより、いざというときのための日常的な身体の鍛錬といった方がよいかもしれない。義重が六郷城に移ったとき、子義宣が義重に羽二重の夜着布団を贈ったことがあった。常陸にくらべ、出羽の冬の寒さを心配しての心遣いである。

義重も息子の心遣いに感謝して、その布団に寝たものの、暑くて寝られず、翌日からいつものように薄い布団にもどしたという。戦いの連続で、常在戦場を地でいった義重らしいエピソードである。

結城政勝はなぜ博打をご法度にしたのか

戦国時代、武士たちの間で囲碁・将棋は盛んだった。戦国時代の遺跡から碁石や将棋の駒はよく出土する。囲碁・将棋で、敵の動きを先読みすることが、実際の戦いのかけひきに応用できる側面もあり、奨励されていた。

それに対し、同じ「盤上の遊び」といわれる双六《すごろく》は、多くの戦国大名家で禁止されていた。当時は、盤上に白と黒の石を置いて二人で対戦する「盤双六」が広まっており、サイコロを振って石を動かす偶然性から、金や物をかけて行われていた。

たとえば、近江の戦国大名六角氏は、その制定した「六角氏式目」の第四四条で、「博《ば》奕《く》堅《ち》く停《ちょう》止《じ》せられ畢《おわんぬ》。もし、違犯の輩においては、死罪・流罪に処せらるべし」と記す。違反者は死罪・流罪というのだから厳しい。

死罪・流罪というのは極刑といってよいが、他の分国法では、たとえば、吉川氏の制定した「町中掟」の第七条には、「博奕停止の事付見出候ものに、その者の財宝遣わすべきのこと」とあり、密告してきた者に、違反者の財産を与えると規定していた。六角氏も、死罪・流罪になった者の「跡《あと》職《しき》」を密告してきた者に与えるとしている。跡職というのは財産のことだ。内部告発を奨励していたことがわかる。

では、戦国大名たちは、なぜ、家臣や町民たちの博奕を禁止したのだろうか。このあたりのことを明確にしているのが下総の戦国大名結城政勝の制定した「結城氏新法度」である。

これは全文一〇四カ条からなる長文の分国法であるが、結城政勝は何と、博奕禁止項目をその第一条にもってきているのである。それだけ、結城政勝にとって博奕禁止が喫《きっ》緊《きん》の課題だったことを物語っているといってよい。その冒頭第一条には次のようにみえる。なお、「結城氏新法度」は漢字まじりの仮名文であるが、わかりやすいように漢字中心の文章にして引用しておく。

一、博奕はやり候へば、喧嘩《けんか》・盗み、結句《けっく》、詰まり候へば、図《はか》らぬ企《たく》みなし候間、第一かなふべからず。博奕・双六固く禁制申すべく候。

ここに、結城政勝が家臣・領民に博奕を禁止した理由も書きこまれている。つまり、政勝がいわんとしていることは、博奕がはやると、喧嘩や盗みが増加するとしている点が一つ。そしてもう一つ注目されるのが、次の「詰まり候へば、図らぬ企みなし候」というフレーズである。

「結城氏新法度」は、当時の結城領で使われている言葉で記され、また、省略されている部分もあって判読がむずかしいところもある。ここの意味するところは、博奕で負けて、経済的に行き詰まった者が悪さをすることを警戒していることである。

当時もギャンブル依存症に陥る家臣・領民がおり、博奕で身を落としていった例を何人もみていたのであろう。それにしても、博奕禁止を分国法の第一条にもってきたのは結城政勝ただ一人である。

二　名門にみる「お家繁盛」の秘訣

城を守れなかった家臣の処遇にみる前田利家の「骨太の哲学」

賤ヶ岳《しずがたけ》の戦い後、次第に織田家を簒奪《さんだつ》する動きを露骨に示しはじめた羽柴秀吉に対し、それに待ったをかける形で戦いを挑んだのが、徳川家康と信長の次男、織田信雄《のぶかつ》である。この秀吉対家康・信雄連合軍が天正一二（一五八四）年に激突した。主戦場となった場所の名をとって小牧・長久手の戦いとよばれている。

もっとも、このとき戦場となったのは小牧・長久手だけではなかった。加賀・能登を領していた前田利家と、越中を領していた佐々成政も、その国境で戦っており、「北陸版小牧・長久手の戦い」などとよばれている。利家が秀吉陣営、成政が家康・信雄陣営というわけである。

成政が越中から能登に攻め込んだことで戦いがはじまった。成政はこのとき、利家の重臣奥村永福《ながとみ》が守る末森城と、目賀田又右衛門《めがたまたえもん》の守る鳥越《とりごえ》城を同時に攻めはじめた。もちろん、末森城と鳥越城が連絡を取りあえないような状態である。

佐々軍の猛攻によって、末森城は三の丸、二の丸が落ち、本丸だけになってしまった。しかし、城将奥村永福は頑強に抵抗を続けていた。鳥越城も陥落寸前の状態だった。

そうした状況のところに、成政側からの謀略がしかけられたのである。末森城には「鳥越城はもう落ちた」とうそのうわさを流し、鳥越城には「末森城はもう落ちた」と同じくうそのうわさを流しているのである。

末森城の奥村永福は、「それは敵の謀略だ」と籠城《ろうじょう》を続けたが、鳥越城の目賀田又右衛門の方は、「末森城が落ちてしまったのならしかたない。金沢城の利家様と合流しよう」と、城を出てしまったのである。

城を出てすぐ、それが成政側の謀略だと知り、城にもどろうとしたが、すでに占領されたあとだった。そこで目賀田又右衛門はすごすご金沢城にもどったわけであるが、即刻、利家から追放処分がいい渡されている。

目賀田又右衛門も利家の重臣だったので、秀吉の家臣に顔見知りがおり、蒲生氏郷や浅野長政に、復帰できるよう取りなしを依頼し、氏郷・長政から利家に「復帰させてやったらどうか」と打診があったが、利家はそれを断っている。

利家としては、「一命を捨てても城は死守すべきもの」という意識を家中に徹底させたかったのであろう。

注目されるのは、このとき、又右衛門本人だけでなく子どもも前田家から追放されている点である。仮に、又右衛門が鳥越城で討ち死にしても、子どもが父のあとをつぐのが当時のルールだったわけで、そのあたりも徹底させたかったものと思われる。

前田家の財を築いた「凄い蓄財術」

戦国時代はその名の通り、戦いが日常的にくり返されていた。戦いには当然のことながら金がかかるわけで、戦国武将たちは富国強兵を心がけていた。戦費が底をつき、兵や武器を備えることができなければ、まさに危機的状況を迎えてしまうからである。

織田信長の家臣で、その後、豊臣秀吉の時代には五大老の一人となった前田利家は日ごろから蓄財を心がけた武将として知られている。

利家の場合、蓄財の基本となったのは領内から徴収する年貢である。年貢をきっちり徴収するためには検地が必要ということになるが、検地を実施する速さには限りがあり、ふつうは何年もかかった。

ところが、利家は特殊な方法で検地のスピードアップをはかっていたのである。その方法というのが「総高廻り検地《そうだかまわりけんち》」とよばれるもので、まず、村絵図を作り、絵図の上で耕地に当たる面積を求めるというやり方である。

田畑のあぜで区切られた小さな区画の一筆ごとに測量する方法では、正確だが時間がかかる。「総高廻り」の方法だと、正確さはないが速いという利点があり、利家は速く年貢徴収する方を選んだわけである。

そして注目されるのは、利家が、領内から徴収した年貢をただ兵糧米などとして備蓄しておくだけでなく、資産運用に有効利用していることである。

利家は、自分の領内ではないが、越前の敦賀の豪商高島屋伝右衛門を蔵宿《くらやど》に指定し、加賀・越中・能登三カ国から上がってくる蔵米、すなわち直轄地からの年貢米の輸送および管理に当たらせていたのである。これだけであれば、大なり小なり、どの武将もやっていた。すごいのはその先である。

利家はこの高島屋伝右衛門に蔵米の販売もまかせていたのである。

この点は、さすがそろばんの得意な利家の面目躍如といった感がある。米の取引は相場によって左右されることを利家は知っていた。売り時の見きわめは、武士である前田家の蔵奉行よりも、商人である蔵宿の高島屋伝右衛門の方がプロであり、的確な判断ができたはずである。

自分の居城がある金沢の城下に住んでいる豪商でなく、他国の越前敦賀の豪商を蔵宿にしたのは、金沢より敦賀の方が京・大坂に近く、それだけ米相場に関する情報が早く入ってくることを計算していたのかもしれない。

ところで、もう一つ、利家の施策で注目されることがある。それが「扶持《ふち》百姓」というシステムである。新しく取りこんだ土地の有力百姓に、年に一〇俵とか二〇俵の扶持米を与え、村落支配の末端に取りこんでいる。

利家の支配した領国で一揆が起きなかったのは、このシステムがあったからともいわれているのである。

「落とし前のつけ方」にみる前田利長の「決断力」

豊臣秀吉が亡くなった翌年の慶長四（一五九九）年閏三月三日、五大老の一人だった前田利家が没し、五大老の地位はそのまま子の利長が引きついでいる。

しかし、年齢といい、キャリアといい、利家と利長では開きがあり、このあと五大老筆頭の徳川家康の独走を許す結果となる。家康も利家には一目置いていたが、利長に遠慮する必要はなかったのである。

その年夏、五大老だった上杉景勝と利長は大坂・伏見を離れ、それぞれの領国にもどっていたが、九月九日の重陽の節句の日、五奉行の一人増田長盛から家康に重大な情報がもたらされた。「前田利長が首謀者になって、浅野長政、大野治長、土方雄久《ひじかたかつひさ》らが家康登城の日に襲撃する手はずを整えている」というものであった。

びっくりした家康は、近臣の井伊直政・本多正信らと相談のうえ、伏見から警固のための兵を呼びよせ、厳重に警戒させた上で九日の重陽の節句に臨み、無事だった。すでに加賀に帰国していた利長が実際の首謀者だったか否かはわからないが、家康身辺の警固があまりに厳重だったため、暗殺計画は不発に終わっている。

不発に終わったとはいえ、計画があったことは事実だったようで、浅野長政は蟄居を命じられ、大野治長は下総の結城秀康に預けられ、土方雄久は常陸の佐竹義宣に預けられているのである。

こうした動きを同じ五大老の一人宇喜多秀家から聞いた利長は、とるものもとりあえず重臣の横山長知を大坂に遣わし、長知は利長の無実を懸命に主張し、家康側の理解を得ることに成功している。

ところが、このころ、「利長が秀頼の生母淀殿と密通し、秀頼の後見役になりたがっている」といったうわさも流れており、利長サイドとして何もなしで済ますわけにはいかなくなっていたようである。

そこで、弁明しただけでは身の潔白が認めてもらえないとみた利長は、母芳春院を江戸に人質として送ることを申し出ている。これは利長が家康に完全に屈服したことを意味するわけであるが、利長としては、前田家をつぶさないための究極の選択であった。

それが実行に移されたのは慶長五（一六〇〇）年五月一七日のことであった。この日、芳春院は伏見をたって江戸に向かったのである。出発のとき、彼女は、「侍は家を立てることが第一。私はもう年をとっているし、覚悟はできています。この母を思うために家をつぶすようなことがあってはなりません。つまる所は私を捨ててください」（「桑華字苑」）という言葉を利長に伝言させたといわれている。

こうして、前田家は家を残したのである。

朝倉家を五代にわたって繁栄させた「家訓」の中身

江戸時代、「忠臣蔵」で有名な大石内蔵助は、赤穂藩主浅野家の家老だった。親が家老だったので、家老職を世襲していた。これはどこの家でも同じで、親が家老だったら子も家老になるというのが一般的だった。その代わり、親が足軽なら子も足軽ということになる。

戦国時代においても、たとえば播磨の小戦国大名だった小寺政職《まさもと》の家老、黒田職隆《もとたか》が、四四歳のときに隠居し、二二歳の子、孝高《よしたか》（官兵衛）に家老職と姫路城主としての地位を譲っているので、世襲制がみられる。

この職隆から孝高へのバトンタッチの場合、孝高が有能だったので問題は起こらなかったわけであるが、まかりまちがえば、家を滅ぼしかねない。江戸時代のような天下泰平の時代とは異なり、戦国時代は、家老が有能か無能かはお家の存続に直結してくるからである。これは、家老だけでなく、当時、軍配者《ぐんばいしゃ》などといわれた軍師にもあてはまる。

そこで、戦国大名の中には、家老と軍師は世襲制とせず、つまり、譜代門閥主義を排し、能力本位の人材抜擢にふみきった者もあらわれた。越前の戦国大名、朝倉孝景はその一人である。

朝倉氏は、南北朝内乱のころ、朝倉広景が足利方の斯波《しば》高経の被官となって越前で戦功をあげ、坂井郡・足羽郡に勢力をのばし、その後、何代か経て、孝景のとき、斯波氏の内紛に乗じ、一乗谷に城を構え、斯波氏を凌駕《りょうが》して戦国大名化に成功し、以後、五代義景まで越前の戦国大名として君臨することになる。

その戦国大名朝倉氏初代にあたる孝景は「朝倉孝景条々」という一七カ条の家訓を制定

しており、特に一条目と二条目が注目される。読み下しにして引用しておく。

一、朝倉の家において、宿老を定むべからず。その身の器用・忠節によりて申し付くべきの事。

一、代々持ち来たり候などとて、無器用の人に団《うちわ》ならびに奉行職預けられまじき事。

「宿老を定むべからず」というのは、「宿老をあらかじめ決めておかない」の意味で、世襲制はとらないという宣言で、当人の器用および忠節によって選ぶとしている。

二条目は少し解説が必要だろう。団は軍配団のことで、軍配を持つ者が軍配者、すなわち軍師ということになる。「奉行職」も単なる奉行一般ではなく、この場合、軍《いくさ》奉行のことである。

孝景は、宿老とか軍師・軍奉行など、戦国大名家の要となる人事を、それまでの譜代門閥主義ではなく、能力本位の人材抜擢にふみきっていたのである。

「お家騒動」を止めた六角家版「マグナ・カルタ」

戦国時代、戦国大名の中には、自分の領国内だけに通用する法である分国法を制定する者がいた。戦国家法ともいい、伊達氏の「塵芥集《じんかいしゅう》」、今川氏の「今川仮名目録」、武田氏の「甲州法度之次第」、長宗我部氏の「長宗我部氏掟書」などが有名である。

これら分国法は、多くの場合、トップである戦国大名が制定し、それを家臣および領民に順守させる形をとる。ところが、分国法の中には違うプロセスをとったものもある。南近江の戦国大名六角氏の「六角氏式目」もその一つである。実は、分国法制定の裏に、六角承禎・義治（義弼）父子の危機管理があったのである。

分国法「六角氏式目」の制定は永禄一〇（一五六七）年四月一八日であるが、その四年前の同六年一〇月、六角氏家中で観音寺騒動とよばれる大事件が起きていた。父承禎から家督を相続したばかりの子義治が、重臣筆頭、後藤賢豊父子の勢力増大を危惧し、承禎にも知らせずに観音寺城に呼び出し、殺害してしまったのである。

六角氏重臣の中には後藤氏と親しかった者も多く、また、姻戚関係を結んでいる者も少なくなかった。進藤・目賀田・三井・馬淵・永原・池田といった重臣たちが、「次は自分たちが殺されるかもしれない」と猜疑《さいぎ》心を抱き、それぞれ、自分の城に籠もるという事態となった。

しかも、この混乱に乗じて、北近江の浅井長政が六角領に攻め込んできたため、承禎・義治父子は観音寺城を捨てて逃げだす始末であった。

結局、この騒動は重臣蒲生賢秀らの仲介によって、一旦離れた重臣たちももどってきたわけであるが、そこで制定されたのが「六角氏式目」六七カ条であった。これは、重臣たちが協議して条文を起草し、それを上申し、主君である承禎・義治父子の承認を得て発効するという、分国法としてはきわめて異例な形をとっている。

要するに、重臣たちが、主君の恣意《しい》的な施政に歯止めをかけたもので、たとえば、その第三七条には、

一、御糺明《きゅうめい》を遂げられず、一方向の御判ならびに奉書を成さるべからざる事。

とあり、被告に陳弁の機会を与えず、一方的に裁決を下してはならないとする。

注目されるのは、この全文六七カ条の末尾に承禎・義治父子の請文《うけぶみ》（承諾書）が付けられ、承禎・義治父子もそれを守ると誓っていることである。これが、家臣団分裂という危

機を回避する方策だったわけであるが、結果的には、その甲斐なく、翌年、織田信長に滅ぼされることになる。

三 群雄のピンチを救った「アメと鞭」戦略

秀吉への服従を勝手に決めた長宗我部「家臣の英断」

長宗我部元親は、永禄三（一五六〇）年の本山茂辰《もとやましげとき》との戦いが初陣で、その後、安芸氏を滅ぼし、一条氏を土佐から逐《お》って、天正二（一五七四）年には土佐一国を平定している。その後、さらに伊予・讃岐・阿波にまで兵を進め、同一〇（一五八二）年には四国全土をほぼ平定するまでになった。

ところが、元親の快進撃もそこまでであった。

同一三（一五八五）年、豊臣秀吉からの横槍が入った。秀吉は、はじめ、戦わずに元親を屈服させようと、「伊予・讃岐を返上すれば、残りの土佐・阿波の二カ国は安堵《あんど》しよう」ともちかけている。しかし、元親は、四カ国は自分の力で切り取ってきたという自負があり、二カ国割譲はのめる条件ではなかった。

こうして秀吉による四国攻めが同年六月からはじまり、秀吉の弟秀長を総大将とする大軍が元親に襲いかかった。この四国攻めには毛利の軍勢も加わり、その数一二万三〇〇〇人とも一〇万五〇〇〇人ともいわれている。それに対する元親軍も一戦国大名としては多く、最大動員兵力四万人といわれている。

戦いそのものは阿波が主戦場となり、最後まで頑強に抵抗を続けていたのは、重臣の谷忠澄と江村親俊が守る一宮城と、一族の長宗我部掃部助が守る岩倉城、同じく一族の長宗我部親吉の守る脇城だけとなってしまった。

結局、一宮城は水の手を断たれ、谷忠澄と江村親俊は降伏し、白地《はくち》城にいた元親のところに合流しているが、前後して脇城と岩倉城も落ちている。

『元親記』によると、このとき怒った元親は谷忠澄に向かって「西国にての弓矢取と名を得たる元親が、一合戦もせで、やみやみと無《なか》るべき事の義、尸《しかばね》の上の耻辱《ちじょく》たるべし。骨は埋とも、名をば埋まぬと哉《や》らん云ふなり」といい、「頓《すみやか》に一宮へ帰り、腹を切候へ」と罵声をあびせたという。

このあと、谷忠澄をはじめとする重臣たちが集まり、夜通し評議し、その結果、「本国土佐まで攻めこまれて降参するより、いま降参した方が御家の存続のためによい」という結論に至り、『南海通記』によると、谷忠澄は元親を訪ね、毛利家の例をあげながら、降伏して家を残すことが大事だということを説得したという。

はじめのうち、「おのれ臆病者め、手討ちにせん」と怒っていた元親も、そのうちに忠澄の説得を受け入れるようになった。このあと、実際に交渉場面に出てきたのは蜂須賀正勝で、八月六日までに講和が成立し、元親は、伊予・讃岐・阿波の三カ国を秀吉側に渡し、土佐一国を安堵されることになり、家をつなぐことができたのである。

「外貨稼ぎ」で富国強兵を成し遂げた長宗我部元親

長宗我部元親の土佐国は山地が多く、米の収穫量は少なかった。百姓たちからの年貢収入を財源とする戦国大名としては危機的状況だったといえる。しかし、ふつうならば弱小国といってよい土佐国を出発点に、元親は何と、伊予・讃岐、さらに阿波と、四国全土の平定をほぼ成しとげているのである。それはどうしてなのか。どのように危機を乗り越えていったのだろうか。

平地より山地が多いという、ふつうには弱点となるところを元親はむしろ逆手にとった。山地が多いということは、樹木が豊富だということである。元親はこの森林資源に目をつけ、領内の木をすべて「御用木」とし、勝手に切ってはいけないという命令を出しているのである。これは元親による木材統制であり、商品化した材木を専売制とし、それを領外の国に売り、いわゆる「外貨稼ぎ」としていたことが知られている。

しかも、それだけではなく、元親は、山をやせさせないための配慮もしていたことが「長宗我部元親百箇条」からうかがわれる。その第七六条に、「在々山々浦々、竹木成り立ち候様に、才覚肝要の事」とみえる。木は伐採しただけだと、森林が荒れ、森林資源が枯渇してしまうわけで、「成り立ち候様に」とは、「木を切ったあとは植林をせよ」との意味と思われる。

もっとも、木材は、切っただけでは商品になりにくい。その点でも元親はきちんと手を打っていた。「長宗我部元親百箇条」から職人の記載を見ると、大工・大鋸引《おがびき》・檜物師《ひものし》・鍛冶・研《とぎ》・塗師《ぬし》・紺掻《こうかき》・革細工・瓦師・檜皮師《ひわだし》・壁塗・畳刺・具足細工・船番匠があるが、この中で、大鋸引・檜物師・檜皮師は直接、木材加工職人である。

大鋸引は、大鋸とよばれる二人引きの大きな鋸《のこぎり》で丸太を材木に加工していく職人である。すでに京都周辺では室町時代に見られたが、土佐あたりで一般的になるのは元親の時代からであった。大鋸の出現によって、それまでは丸太から材木にしていくのに、割ったり、手斧《ちょうな》などを使ったりして板に仕上げていくしかなかったのが、大鋸で板をつくることが可能になり、大量の板を供給できるようになったわけである。

需要が土佐国内だけであれば、産業として成り立たなかったかもしれないが、元親のころ、各地で城と城下町がつくられるようになり、侍屋敷・町屋を問わず、家がどんどん建てられ、また、城も巨大化し、それだけ材木の需要が増していたことも無視できない。「外貨稼ぎ」といったのはそのためで、土佐の材木が京・大坂などに売られていったのである。元親は地場産業の育成に力を入れ、経済力を強め、強大戦国大名の仲間入りを果たした。

長宗我部領から逃げた百姓への「厳罰の中身」

戦国時代、百姓たちが年貢を払うことができず、他の領地に逃げ去ることが少なからずあった。当時の表現では「欠落《かけおち》」といっており、逃散《ちょうさん》していった者を「走り者」などと表現している。百姓たちからの年貢を財政基盤としている戦国大名にとってはゆゆしい事態で、当然、逃散に対する手段を講ずることになる。

一つは、当時の文書によく出てくる「人返し」である。これは、その字の通り、逃げていった者の逃亡先をつきとめ、そこの領主に対し、「この者はわが領地の百姓なので、返してもらいたい」と交渉し、取りもどすという方法である。交渉された方の領主は、よほどの理由がない限り、「人返し」に応じている。それは、当時、ある程度、領主間協約として「人返し」が暗黙のルールとなっていたからである。

もちろん、その前提には、百姓たちが検地帳などによって領主に掌握されていた点があり、「人改《ひとあらため》」政策と無縁ではなく、戦国大名北条氏も、「人返しは国法」といっている。ただし、北条氏の場合は分国法、すなわち戦国家法で逃散禁止をうたっているわけではない。

その点で注目されるのが土佐の戦国大名、長宗我部元親である。元親の制定した「長宗我部元親百箇条」に、

走り者のこと。その身は是非に及ばず、親類までも成敗すべし。走るべき者仕舞兼々《しまいかねがね》相知るべきの間、その在所の者、または傍輩《ほうばい》、聞き立て言上《ごんじょう》つかまつるにおいては、一稜《ひとかど》褒美すべし。もし存じながら申し上げざる者は同罪たるべし（読み下しにして引用）。

とあり、はっきりと分国法で逃散を禁止していたことがわかる。

これでみると、元親の場合、逃亡していった本人だけでなく、親類まで連座させていたことがわかるわけで、これは相当「きつい」しばりになっていたものと思われる。

ところで、戦国時代の逃散は、これまでみてきた「欠落」のほかに「郷中明《ごうちゅうあけ》」というものもあった。「欠落」は百姓が一人とか二人、せいぜい多くても一家族といったレベルの規模であるが、「郷中明」は村ごとの逃散といったもっと規模の大きなものであった。ということは、「郷中明」は農民闘争としての側面もあったことになるわけで、百姓たちが集団となって領主である戦国大名に、たとえば年貢減免の要求をつきつけ、その要求が通らなかったとき、百姓たちが集団で逃散をするという事態もみられたということである。

銘酒の「ブランド力」を最大限に活用した宇喜多秀家

いまでこそ、宮城・秋田・山形・福島・新潟といった各県に銘酒がそろっているが、戦国時代はそうではなかった。たとえば、下総北部の戦国大名結城政勝が制定した戦国家法「結城氏新法度」には、その第六二条に、「酒ハあまの、ほたいせん、江川」とある。天野は河内国の金剛寺付近が産地の酒で、菩提山は大和国の菩提山寺が産地である。江川は伊豆国の韮山の酒で、この三つが戦国時代の代表的な銘酒だった。

　また、慶長三（一五九八）年三月一五日に豊臣秀吉が醍醐の花見を催したとき、用意された酒は、『太閤記』巻一六によると、「銘酒には加賀の菊酒、麻池酒、其外天野、平野、奈良の僧坊酒、尾の道、児島、博多の煉、江川酒を捧奉り、院内にみちて、院外にあふれにけり」とみえ、ここでも、天野と江川が入っている。ここに「児島」とあるのが児島酒だ。この児島酒も銘酒として知られており、『鹿苑日録』や『義演准后日記』など、当時の京都関係の史料に頻出する。

　そして注目されるのは、この児島酒を岡山城主宇喜多秀家が統制していた点である。これは秀家の危機管理のあらわれであったと思われる。

　秀家は文禄四（一五九五）年、それまで備前国内で自由に営まれていた酒造りを岡山城下に限定し、それ以外の場所での製造を禁止しているのである。

　この事実に注目した歴史研究家の渡邊大門氏はその著『宇喜多直家・秀家』で、「目的は、酒造りの拠点を城下に移すことにより、確実な徴税を行うところにあったと推測される」と述べているが、まさにその通りで、秀家による財源確保策の一環であり、危機管理そのものであったといえる。

　というのは、児島酒というブランドが著名になると、おそらく、何軒もの造り酒屋が酒造りをはじめ、その売り上げ収入が莫大《ばくだい》なものになったと想像されるからである。仮に、備前国内に散らばっている造り酒屋が勝手に酒造業を営んでいる状態では宇喜多秀家として全部を掌握するのはむずかしいわけで、岡山城下に集めることによって確実に売上税の確保に動きだしたとみることができる。

周知のように、酒造業は他の一般的な商売とちがい、酒蔵などの設備投資だけでなく、原料米の仕入れなど生産資本を必要とし、酒造業を営めるのはある程度以上の富裕層に限られていたのである。そのため、酒屋は土倉と並び高利貸業も兼ねたりしていた。宇喜多秀家にとっては酒屋は酒屋役を徴収することができるドル箱だったのである。

毛利元就が譜代家臣に下した「非情な処分」

安芸の国人領主にすぎなかった毛利元就が戦国大名へ飛躍する画期となったのが、井上衆誅伐《ちゅうばつ》事件とか井上一族粛清事件とよばれているできごとである。天文一九（一五五〇）年七月一三日に起きている。

井上氏は毛利氏の譜代家臣であるが、井上光教のときには当主・毛利豊元の妹を妻とするなど、ほぼ対等に近い関係であった。光教の曽孫にあたるのが井上元兼で、元就に仕えていた。

元兼には、「自分が井上氏の総領家だ」という思いがあり、強い自立性をもっていたのである。譜代家臣といっても、元兼の意識は、従属しているというよりは、譜代家臣の連合体が毛利氏で、元就はあくまでその束ね役にすぎないと考えていたらしい。

元兼は次第に元就をあなどるようになり、出仕を怠ったり、諸役をつとめなかったりという行動が目立つようになった。元就としては苦々しい思いではいたが、力のある井上一族のそうした行為を見て見ぬふりをするしかなかったのである。

元就が何ら手を打たないことをよいことに、井上一族の行為はエスカレートし、ついには同僚にあたる毛利氏家臣たちの所領を奪うようになった。

元就としては、「このまま手をこまねいていれば、元兼に自分の地位が侵されるかもしれない」と考えた。つまり、下剋上の可能性を察知したわけで、下剋上の芽を事前に摘むしかないと考え、思い切った粛清に踏み切った。井上一族をのぞく家臣を集め、討ち手を差し向けたのである。

このとき、元就によって誅殺されたのは元兼をはじめとする三〇人余といわれている。ただ、元兼の弟元光は誅伐をまぬがれ、井上氏の宗家として家名を存続させているので、事前に、一人一人の罪状が調査されていたものと思われる。「弟ではあるが、元光だけは別だ」と元就は見ていたのであろう。

この井上一族粛清事件のあと、元就は家臣一同から「元就の命令に従います」とする起請文を取っている。これによって元就は強力な家中統制権を手にしたことになり、それまでの、どちらかといえば家臣たちとの連合権力といえるようなものから、元就をトップとした戦国大名権力へと脱皮した形となる。

ただ、ここで注目しておきたいのは、井上一族の誅殺に踏み切ったのは、元就が家督を子隆元に譲ったあとだという点である。隆元に権限が集中するように仕組んだのと、もう一つ、こうした汚れ役を元就が引き受けていたことを見ておかなければならない。「ダーティーな部分は自分が背負いこむ」という元就の決意でもあったのである。

「毛利家の帝王学」が教える「君臣の別」の「正しい意味」

毛利元就の重臣に志道広良《しじひろよし》という武将がいた。志道氏は安芸国高田郡志道村（広島市安佐北区）を名字の地とする毛利氏の庶流家であった。広良は元就の父弘元と兄興元に仕え、興元のときには重臣筆頭ともいうべき執権職についていた。

その興元が若くして亡くなり、興元の子幸松丸も大永三（一五二三）年に幼くして死去し、家督争いが生じた。そのとき一部の反対を押し切って、興元の弟元就に家督をつがせたのが広良だった。

そうしたいきさつもあり、元就も広良に全幅の信頼を寄せ、嫡男隆元の補導役をまかせていたのである。実は、広良が隆元にどのような教育を施していたかをうかがわせる教訓状が「毛利家文書」の中に含まれている。そこには、「君ハ船、臣ハ水にて候。水よく船をうかへ候事にて候。船候も水なく候へは、不相叶候か《あいかなわず》」とあった。

要するに、主君というのは船であり、家臣たちは水である。水があるから船が浮かんでいるわけで、船があっても、水、つまり家臣がいなければ何もできないということを意味し、主君は家臣たちに支えられていると諭した内容である。

もちろん、この「君ハ船、臣ハ水にて候」という言葉そのものは志道広良のオリジナルではなく、中国の思想書『荀子《じゅんし》』からの引用ではあるが、広良がそうした中国の典籍にも通じていたこと自体驚きである。

広良が隆元にこの教訓状を示したときの状況がどうだったのかがわかればおもしろいが、残念ながら、その背景はわからない。多分、若い隆元が、元就の嫡男ということで、まわりからちやほやされ、天狗になり、増長気味になったのを広良が危惧したのであろう。

家臣あっての主君ということを理解させるためにわかりやすい「君ハ船、臣ハ水にて候」という言葉を使ったものと思われる。この諫言《かんげん》といってもよい広良の教訓状により、隆元も家臣の大切さに気がついたはずである。

もし、同じ言葉を、江戸時代の毛利氏の家臣が主君にいっていれば、「この無礼者」といって無礼討ちにされてもしかたないところである。戦国時代だから、このような諫言が危機管理として意味をもったことにも注目したい。

江戸時代になると、大名家では、たとえ家老クラスであっても主君との身分差は大きくなっていくが、戦国時代には、この志道広良のような重臣はトップとそんなに大きな身分差はなく、単なる家臣というよりは、同志に近いナンバーツー的な存在だったからである。

ライバルへの「徹底した攻撃」が毛利輝元を救った

山中鹿介幸盛は「尼子十勇士」の一人に数えられる、戦国大名尼子氏の重臣である。ところが主君である尼子義久が永禄八（一五六五）年、毛利元就に居城月山富田城《がっさんとだ》を攻められ、降伏し、義久は毛利方に取りこめられてしまい、鹿介は浪人となった。ちなみに、元就の孫輝元はこのときの月山富田城攻めが初陣であった。輝元と鹿介の因縁はここからはじまる。

浪人となった鹿介は、尼子氏遺臣に働きかけ、尼子家の再興に動きだす。江戸時代に書かれた『陰徳太平記』という軍記物には、鹿介はこのあと、東国に向かい、上杉謙信・武田信玄・北条氏康といった名将の軍法を学んだとしているが、その実否はわからない。

やがて、鹿介ら尼子遺臣は、京都の東福寺に尼子氏ゆかりの人物がいることを知り、寺を訪ねて説得している。こうしてかつぎ出されたのが尼子勝久である。鹿介らが勝久を擁して尼子家再興に動き出したと知り、遺臣たちが集まり、毛利方に取られていた月山富田城の奪還に動き出した。その数三〇〇〇という。永禄一二（一五六九）年四月のことである。

ところが、このときの毛利氏の動きは早かった。毛利軍主力は九州で大友宗麟の軍勢と戦っていたが、輝元が一万三〇〇〇の兵を率いてもどったため、月山富田城の奪還はならず、一回目の尼子家再興計画は失敗に終わってしまったのである。

そこで次に鹿介が考えたのが織田信長を頼るというものであった。信長も、これから毛利氏と戦わなければならないと思っていたときで、鹿介らの「毛利憎し」の思いを戦略に利用することにし、播磨と、そのころ毛利領となっていた備前・美作との国境に近い上月城に入れている。

勝久・鹿介主従はここで城を守りぬけば尼子家再興になると考え、二回目の尼子家再興計画と位置づけ、遺臣たちを上月城に集結させている。その後、何ごともなければ、この再興計画は成功したかもしれない。ところが、それまで織田方だった三木城の別所長治が毛利方となり、秀吉らが上月城の援軍として行けなくなってしまい、結局、毛利軍に攻められた上月城の尼子軍は見捨てられることになった。

その結果、天正六（一五七八）年七月三日、勝久は自刃してしまった。このとき、鹿介は自刃せず、生け捕りになっている。尼子家再興の望みは捨てていなかったのであるが、連行される途中、備中国の甲部川《こうべ》（高梁川）と成羽川《なりわ》の合流点、合《あい》の渡しというところで輝元の家臣に殺されている。鹿介を生かしておくと、また、尼子家再興に動くと警戒した輝元の明らかな危機管理であった。

「三本の矢」毛利家を守った「三本の川」の正体

毛利元就が臨終のとき、三人の息子、長男隆元、次男元春、三男隆景を呼び、一本ずつ矢を与え、「折ってみよ」という。三人は三人とも簡単に折り、次に三本束にして折らせたが容易に折れない。そこで元就は、「一本の矢なら折れるが、三本束になると折れない。兄弟三人、力を合わせるように」と遺言したということが「三矢《さんし》の訓《おしえ》」として広く知られている。
もっとも、この話は後世創作されたもので事実ではない。元就が亡くなったときには、すでに長男隆元は早世していなかったし、三男の隆景も三九歳で、このような子どもじみたパフォーマンスはありえない。ただ、元就が日ごろから三人の結束を口にしていたことは事実である。

長男隆元の死後、毛利本家は隆元の長男輝元がつぎ、それを二人の叔父、すなわち吉川《きっかわ》家に養子にいった元就次男の元春、小早川家に養子にいった三男隆景が補佐する形となった。これを、吉川の川、小早川の川、二本の川が本家を守るということで、「毛利両川《りょうせん》」といった。そして、この「毛利両川」が毛利本家の危機にあたり、効力を発揮するのである。

輝元には子どもがいなかった。そこに目をつけたのが豊臣秀吉の軍師黒田官兵衛孝高だった。天正一九（一五九一）年のこと、その官兵衛から毛利家に対し、「秀吉様の甥秀秋様を輝元殿の養子に迎えてはどうか」との話があった。

秀秋は、秀吉の正室北政所の兄木下家定の五男で、秀吉の養子にもなっていた子である。毛利家に秀吉ゆかりの子を押しつけようという腹だったことはまちがいない。まさに毛利家にとってゆゆしき事態であった。

この話が正式にもち出される前に、小早川隆景が動いた。これは、毛利本家を守るために、「毛利両川」が盾になったことを示す好例である。

隆景にも実子はなく、弟秀包《ひでかね》を養子としていたが、この秀包に別家をたてさせた上で、秀吉本人から正式な形で輝元に養子の話が出される前に、「秀秋様をそれがしの養子に」と願い出るとともに、急いで隆景のすぐ下の弟穂井田《ほいだ》元清の子秀元を輝元の養子とする準備を進めている。

同時に、秀吉周辺には、「輝元殿はすでに一族の秀元を養子にすることを決めている」と伝えさせたのである。こうして、秀秋が隆景の養子に迎えられることになった。この小早川秀秋が慶長五（一六〇〇）年の関ヶ原の戦いで、東軍に寝返ったことは周知の通りである。

秀吉がどこまで秀秋を輝元の養子に送りこもうと本気で考えていたかはわからないが、少なくとも、このときの隆景の機先を制したすばやい、しかも犠牲的な働きによって毛利本家の純血が守られたことはたしかである。

毛利元就の直筆と見られる手紙の一部（中央に署名）

「自分の出世よりお家」毛利家臣の「捨て身の献身」

慶長五（一六〇〇）年九月の関ヶ原の戦いを前にして、徳川家康は黒田長政および直臣の井伊直政らを使って、西軍の毛利陣営に対する切り崩し工作を行っていた。

周知のように毛利氏は、元就のとき、長男隆元が毛利氏をつぎ、次男元春が吉川氏をつぎ、三男隆景が小早川氏をつぎ、吉川・小早川二本の川が本家を守るという「毛利両川体制」をとった。吉川元春のあとをついだのが吉川広家、小早川隆景のあとをついだのが小早川秀秋だった。

隆元の嫡男、毛利輝元が西軍総帥にかつぎ出されたあと、家康は、吉川広家・小早川秀秋に対し、中立ないし東軍への内応を働きかけていたのである。広家は、輝元が安国寺恵《え》瓊《けい》らによって西軍総帥にかつぎ出されたことに不満をもっていて、合戦当日には南宮山に布陣する吉川・毛利軍が兵を動かさないことを条件に、毛利氏の本領安堵の約束を取りつけた。

実際、当日の九月一五日には吉川・毛利軍は南宮山を動かなかった。結果的に、東軍家康方の勝利に手を貸した形となったわけで、広家としては、毛利氏の本領安堵がなると思っていた。

ところが、一〇月二日、広家のところに、黒田長政を通し、輝元の所領を没収するとのしらせが入ったのである。その理由は、西軍諸将への廻状《かいじょう》に輝元が署判を加えていたことが明らかとなり、単に、総帥にかつぎ出されていただけではなく、西軍主力として積極的に動いていたからだという。

さらに黒田長政からは、「しかし、この間の広家の働きは律儀なので、広家に対し、中国で、一ないし二カ国下されることに決まった」とつけ加えられていた。つまり、西軍に加担した輝元は処分するが、その輝元および養子秀元の実際の行動にストップをかけた広家の功績を評価し、広家をあらたに大名に取り立てようという内容である。

びっくりしたのは広家で、翌三日、「約束がちがう」といいはじめたが、後のまつりで、そこで、「私に下さる予定の所領を輝元様に」と、毛利本家の存続を訴えている。

これは家康も予想外だったと思われる。毛利の一族とはいえ、重臣の扱いにすぎなかった広家が独立大名になるのだから、喜んでその申し出を受けると考えていたようである。

家康も、ここであらためて「毛利両川体制」の結束力の強さを感じ、広家に与える予定だった周防・長門二カ国を輝元に与え、毛利本家を大名として存続させることにした。結果的に、それまでの一二〇万五〇〇〇石が没収され、代わって周防・長門二カ国三六万石が与えられることとなった。

四　下剋上の時代に学ぶ「喧嘩の作法」

「貿易港」博多掌握に全力を注いだ大内家の「慧眼」

室町時代の明徳二（一三九一）年、守護、山名氏清が室町幕府に対して反乱を起こした。この「明徳の乱」で氏清討伐に功をあげた大内義弘は、それまでの周防・長門・石見の三カ国の守護に加え、豊前・和泉・紀伊の三カ国、合わせて六カ国の守護を兼ね、室町幕府内最大の実力者にのし上がったのである。

ところが、その後、義弘が、将軍足利義満に不満を持つ鎌倉公方足利氏満に呼応して、和泉国の堺で幕府に対する反乱を起こした。「応永の乱」（一三九九年）である。このとき、義弘は幕府軍と戦って鎮圧され、殺されてしまった。大内家は存亡の危機に陥ったまま時が過ぎていった。

その大内家に一筋の光がさしこんだ。それは、応永の乱から四二年後、義弘の甥にあたる教弘が筑前国の守護職についたことである。筑前国には、そのころ、大陸との窓口となる国際的貿易港として栄えていた博多があり、教弘は、その博多掌握に力を入れている。博多は、明・朝鮮・琉球を含む東アジア世界の流通経済の結節点となっていたのである。

このあと、大内家が日朝貿易を独占し、経済力を強めていくことになるが、このころから、大内家サイドでは、「自分たちの祖先は朝鮮の百済《くだら》の王族の子孫である」といいはじめる。

具体的にみると、百済の聖明王《せいめいおう》の第三子、琳聖太子《りんしょうたいし》が、周防国の多々良浜（山口県防府市）に着岸し、その子孫が同国大内村（山口市大内）に住み、以来、姓を多々良、氏を大内にしたという。

もちろん、こうした系図が史実に沿ったものであるかどうかはわからないが、大内家が日朝貿易を独占していく上で、こうした系図が作られる意味はあったものと考えられる。実際、このあと、教弘の孫義興のころには、同じように貿易に携わってきた細川家が脱落し、日明貿易も大内家が独占する形となっているのである。

危機管理という点でもう一つ注目されるのは、このころから、積極的に博多湾の港湾整備を図っている点である。インフラ整備というわけで、それなりの設備投資をしていたことが知られている。

また、しっかりと人材の配置もしていた。博多代官と、博多下代《げ》官を置き、大内家による博多直轄支配のしくみをみごとに作っているのである。

このように、大内家は、博多を含む筑前国の守護になったことが有利に働いたことはいうまでもないが、ただ博多を押さえたから成功したというわけではなかった。その博多を実質的に支配していくにはどうしたら一番よいかを考え、それを実行していったことが成功のカギだったといえる。

戦国時代の「幼名」が果たした「知られざる役割」

戦国時代、一般庶民は別として、武士は一生の間に何度か名前を変えていた。

まず、生まれたとき幼名がつけられる。幼名は童名ともいう。そのあと、元服したとき、名乗り、すなわち諱《いみな》と仮名《けみょう》がつけられる。諱は実名《じつみょう》ともいう。さらに、官途・受領名でよばれ、出家すれば法名もある。

たとえば、今川氏親を例にとれば、幼名は龍王丸《たつおうまる》で、元服して五郎氏親と名乗った。五郎が仮名、氏親が諱である。その後、修理大夫となり、出家して紹貴《じょうき》と号している。

幼名の中には、伊達政宗の梵天丸、織田信雄の茶筅丸といったユニークなものもある。たいていはその子だけの幼名ということになるが、家によっては、何代かにわたって幼名が同じという場合もある。松平・徳川家の竹千代などはその例である。

では、何代にもわたって同じ幼名をつけたのはどうしてなのだろうか。どうやらそこに危機管理の意識が働いていたようなのである。ここでは、具体的に周防の守護大名から戦国大名に成長発展した大内家を例にみていくことにしよう。

大内家は大内弘世《ひろよ》のとき、周防・長門二カ国に覇を唱え、周防山口に館を築き、その子義弘のときには、周防・長門だけでなく、豊前・石見・和泉・紀伊の六カ国の守護職を兼ねる大勢力となっており、守護大名として中国地方きっての実力を誇った。

ところが、大勢力であったがために、兄弟による家督争いが頻発していたのである。義弘の跡目をめぐって、盛見《もりみ》と弘茂の二人の弟が争い、その盛見のあとを義弘の子である持世と持盛の兄弟が争うなど、兄弟の家督争いが絶えなかった。どうやら、このことと、大内家における幼名の世襲が関係していたようなのである。

持世のあとを受けて盛見の子教弘が家督をついだが、教弘は生まれた子に亀童丸《きどうまる》という幼名をつけている。この亀童丸が元服して政弘を名乗り、政弘の子が生まれたときにも同じ亀童丸という幼名をつけているのである。これが義興で、何と、義興の子義隆が生まれたときも幼名亀童丸を名乗らせている。

つまり、幼名亀童丸をつけられた子が大内家の家督をつぐというルールが暗黙の了解事項となっていたわけで、兄弟による家督争いを未然に防ぐ役割を果たしていたことがわかる。

当時は、家督は年長順というわけではなく、正室から生まれた子か、側室から生まれた子かで順番も違っており、大内家にとって由緒ある亀童丸という幼名をつけられた子が将来の家督継承者になるというわけで、政弘からあとは大内家において兄弟間の家督争いは一度も起きていないのである。

無能な主君に陶晴賢が取った「究極の方法」

陶晴賢《すえはるかた》は、はじめ名乗りを隆房といっていた。大内義隆の重臣で、周防守護代をつとめ、主君義隆から偏諱《へんき》（名前のうちの一字）を与えられ、隆房と名乗っていた。

その陶晴賢の主君である大内義隆は、周防に加え、長門・豊前・筑前・備後・石見・安芸の七カ国の守護職を兼ね、戦国大名として、中国地方から九州北部を支配しただけでなく、京都の公家を多数迎えるなど、文化人大名としても有名だった。

ところが、その義隆、天文一一（一五四二）年から翌年にかけての出雲遠征に失敗したあと、全くやる気を失ってしまったのである。この出雲遠征というのは、尼子晴久を月山富田城に攻めた戦いで、かえって敗北を喫した。敗走途中、養嗣子《ようしし》大内晴持の乗った船が転覆し、晴持が死んでしまい、義隆は政治・軍事をほっぽりだしてしまった。

そのころの大内家は何人かの重臣が評定衆となり、評定衆の合議でことが進められていた。そのメンバーに陶隆房をはじめ、内藤興盛・杉重矩《しげのり》・弘中興勝・相良武任《たけとう》が入っていた。ところが、義隆は次第に相良武任一人を重く用いはじめたのである。いわゆる「寵臣《ちょうしん》政治」のはじまりということになる。

それだけではなく、そのころから、義隆は京都から公家たちを多数、山口に呼び寄せ、山口に京都風公家文化の花を咲かせることになるが、そうした、文化・芸能に力を入れる余り、年貢増徴策を打ち出しはじめている。臨時の段銭も賦課するなど、負担が百姓たちに重くのしかかってきた。

こうした文化偏重の義隆に対し、また「寵臣政治」に対する相良武任以外の重臣たちの不満が高まっていた。特に重臣筆頭の陶隆房は、「このままでは大内領国が崩壊する」との危機意識を強めている。

その際、この危機を救う道は、主君義隆を除くしかないわけであるが、方法は二つあった。一つは「主君押し込み」という手である。隠居させて、義隆と側室おさいの方との間に生まれた義尊《よしたか》にあとをつがせる方法である。

しかし、隆房は、「そうすれば、おさいの方が政治に口出しするのではないか」と考えた。そこで、もう一つの手、すなわち、下剋上という手段に出ることになった。

結局、隆房は、天文二〇（一五五一）年八月二九日、軍勢を率いて自らの本拠地・若山城から出撃し、山口の大内館を攻めた。義隆は守ることができず、長門の大寧寺《たいねいじ》まで逃れたところで自刃している。

このあと、隆房は、豊後から大友宗麟の弟晴英《はるひで》を新しい大内家の当主に迎え、その晴英から偏諱を与えられ、晴賢と名乗るのである。その陶晴賢がこのあと、毛利元就と厳島の戦いで敗れ、大内領がそっくりそのまま毛利領になっていくことになる。

大友宗麟を諫めるために家臣が使った「踊り子」

豊後の戦国大名大友宗麟の重臣で、軍師ともいわれる立花道雪は、もとの名を戸次鑑連《べっきあきつら》といった。「鑑」の字は、元服したときの大友家の当主が宗麟の父大友義鑑で、その一字を与えられたからである。のち、立花城の城主だった立花家の名跡をつぎ、出家して道雪と号している。

道雪が仕えた宗麟はキリシタン大名として有名で、伊東マンショを中心に少年らを天正遣欧使節という形でローマに派遣しており、また、豊後府内（大分市）に病院を建てたり、孤児院を造ったりして、戦国大名の中では名君に数えられている。

ところがその大友宗麟は、ときには暴君でもあった。重臣の一人立花道雪は補佐役としてかなり苦労していたようである。たとえば、家臣の妻に美貌な者がいれば、それを取りあげて側室にしてしまったり、また、そのころ九州ではやっていた大捨流《たいしゃ》という剣法にはまり、近習たちを相手に稽古《けいこ》をしたのはいいが、宗麟は真剣を使い、近習は木刀で、近習に怪我人が続出する始末だったという。

また、あるときは、政治を全くほっぽりだし、連日連夜酒宴に明け暮れるということもあり、そのようなときには道雪らは遠ざけられていて、諫言したくても、そばによることができない状況だったという。

「どうしたら宗麟のそばに近寄れるか」と考えた道雪は、京都から美しい踊り子を呼び寄せ、自分の屋敷で舞わせ、やがて、その美しさと舞の優美さが城下の評判になり、宗麟の耳にも達し、宗麟から「その踊り子を連れて登城せよ」との命令があった。このとき、踊り子を連れて登城した道雪が宗麟にようやく諫言することに成功しているのである。

道雪が諫言の大切さを説いている史料がある。天正七（一五七九）年二月一六日付の訓誡状で、すでにこの段階では、家督は宗麟から子の義統《よしむね》に譲られているので、道雪は自分より若い志賀道輝・朽網宗策《くたみそうさく》ら義統の補佐役となる家臣たちに宛てたものであることがうかがわれる。

訓誡状の中で道雪は、「いったん折檻《せっかん》をこうむるようなことがあろうとも、御意見を申しあげてこそ、はじめて家来といえる」と、諫言の必要性を強調し、続けて、「わが身さえ無事であればよいというような考えでいたのでは、公私ともに気勢を失うことになる」と指摘し、さらに、「すべてをさらけ出して相談しあい、大友家のことに力を尽くし、名を後世にあげることが大切である」ともいっている。

諫言の大切さはよくいわれることであるが、道雪の諫言があって、宗麟は暴君にならずに済んだのかもしれない。

三つ巴の戦いを勝ち抜いた大友宗麟の「懐の深さ」

戦国時代終盤の九州は「九州三強」とよばれる三人の戦国武将が、文字通り三つ巴の戦いをくりひろげていた。その三人とは、大友宗麟・龍造寺隆信・島津義久である。

九州はその字の通り九カ国からなっており、そのうち、主に大友宗麟が豊前・豊後・筑前の三カ国を押さえ、龍造寺隆信が肥前・肥後・筑後の三カ国を押さえ、島津義久が薩摩・大隅・日向の三カ国を押さえる形で、ほぼ均等に三等分されていた。

江戸時代であれば、そのバランスが保たれ、共存共栄がはかられたかもしれないが、戦国時代はそうはいかない。少しでも領土拡大をし続けなければ倒れる危険があったのである。特に大友宗麟と龍造寺隆信は長年にわたって熾烈な戦いをくりひろげていた。

そのようなとき、宗麟にとって思わぬ事態が起こった。何と、中国地方の毛利元就が中国地方平定の余勢をかって九州にまで進出しはじめたのである。元就の前に中国地方を支配していた大内義隆が九州にも勢力をもっていたので、それを踏襲したという側面もあった。

元就の働きかけを受け、宗麟の重臣で、筑前の宝満山城と岩屋城の「城督《じょうとく》」をつとめていた高橋鑑種《あきたね》が動いた。永禄一〇（一五六七）年、宗麟に背き、元就と結んで反乱を起こした。城督は「城代」のようなものだ。さらに、この動きに連動して、古処山城の秋月種実も元就によしみを通じ、宗麟から離れている。

驚いた宗麟は、すぐさま、戸次鑑連（のちの立花道雪）・臼杵《うすき》鑑速《あきすみ》・吉弘鑑理《あきまさ》らに命じ、これら反乱軍の鎮定にあたらせている。ところが、このとき、重臣中の重臣だった立花城の立花鑑載《あきとし》も元就と手を結び、宗麟と手を切る事態となった。ということは、それまで大友領だった筑前・豊前の一部が毛利領に塗り替えられたことになる。

宗麟は、「このままだと元就に大友領を乗っ取られる」と危機意識をもち、思い切った行動に出た。ここに宗麟の危機管理が功を奏するのである。

宗麟はそれまで戦いあっていた龍造寺隆信に講和を呼びかけ、隆信対策として派兵していた軍勢を対毛利との戦いに集中させることになった。その数三万五〇〇〇といわれている。大友軍はこの三万五〇〇〇の大軍で寝返られたばかりの立花城を攻め、それを奪還しているのである。

このあと、もう一度毛利軍に立花城を奪われることになるが、宗麟は、大内義興の遺児輝弘と連絡を取り、元就が留守の山口に攻めこませ、毛利軍は立花城を放棄してもどっていった。

関ヶ原の敗戦後に島津家を救った「捨て身の行動」

慶長五（一六〇〇）年の関ヶ原の戦いのとき、薩摩の島津義弘は西軍に属したが、率いていた兵はわずか一五〇〇だった。島津氏の所領は六〇万石で、石高からすれば一万五〇〇〇ほどの動員が可能なはずで、事実、慶長の役のときには、義弘は一万二四〇〇人を動員していた。

では、関ヶ原の戦いのとき、一五〇〇人しか率いていなかったのはどうしてなのだろうか。大きな理由は二つあった。一つは、当主義弘と兄義久の豊臣家に対する意識の差である。周知のように、天正一五（一五八七）年の豊臣秀吉による九州攻めのとき、秀吉に抵抗した義久は降伏し、家督を弟義弘に代えられた経緯があり、どちらかといえば豊臣家を恨んでいた。この兄弟確執により、島津氏は西軍に一本化できる状況ではなかったのである。

そしてもう一つは、関ヶ原の戦いの直前、日向庄内の乱とよばれる内乱が起きていたことである。これは、義久・義弘に仕えていた重臣伊集院忠棟の子忠真が、主家に反乱を起こしたもので、島津氏としては、この内乱鎮圧とその後の備えに力を入れなければならず、兵を上方に送る余裕がなかったのである。

義弘が上方にのぼったとき、一〇〇〇ほどの兵がつき従ったが、これは島津軍というより、義弘親衛隊とでもいうべき性格の兵で、それに加わる義弘の甥、島津豊久が五〇〇の兵で駆けつけたので、ようやく一五〇〇になったというわけである。

この軍勢の少なさも不自然であるが、もう一つ、義弘の行動についてもわかりにくいところがある。西軍石田三成らによる伏見城攻めのとき、はじめ義弘は、城内の家康の家臣鳥居元忠に援軍として戦うことを申し出、それが拒絶されて、今度は城攻めにまわったといわれている。このころの義弘の真意がどこにあったのか、理解に苦しむところである。

そして九月一五日の戦いの当日、東西両軍がぶつかりあう中、島津軍は動こうとしなかった。三成からの再三の催促にもかかわらず、西軍の一員として戦わずじまいであった。結局、西軍が敗れ、ほとんど後方の伊吹山麓《さんろく》の方向に逃れ、島津軍だけが取り残される形となった。まさに危機的状況である。

このとき、義弘の取った行動は奇想天外ともいうべき捨て身の行動であった。何と、正面に待ち構える徳川軍本隊に向け、正面敵中突破をはかっているのである。一五〇〇の兵は、家康本隊の井伊直政・本多忠勝らの兵と戦い、二〇〇ないし三〇〇に減り、さらに追撃されるうちに八〇ほどに減ってしまった。しかし、義弘はこの八〇の兵に守られ、薩摩まで逃げもどっている。

島津氏が西軍に属しながら、取りつぶされることもなく、また石高を減らされなかったのは、この義弘の捨て身の行動があったからといわれている。

第五章

「本当の名将」は家臣をみればわかる

天下人となった武将も、決して独力で覇を唱えたわけではない。その陰には、主君のために力を尽くす、優秀な家臣の存在があった。

彼ら家臣たちは、主君の命に応じて迅速かつ効率的に任務を遂行するだけではなく、時には大戦略を立案し、また時には身を挺して、道を誤りかけた主君を諫めることもあった。天下統一後は、軍事よりも内政に力を発揮。与えられた領地経営、家臣団の統率に、優秀な家臣の存在は欠かせなかった。

ここでは、そんな名臣たちの危機管理術を紹介していきたい。

一 秀吉を支えた粒ぞろいの家臣たち

「孫子の兵法」を応用し秀吉を救った黒田官兵衛

戦国時代の大きな戦いだと、一度の戦いで両軍合わせて数千の死者が出るということもあった。戦いにあたって、いかに味方の犠牲者の数を少なくするかも大事な危機管理である。この点で注目されるのが、豊臣秀吉の軍師として知られる黒田官兵衛である。

官兵衛はいかにも軍師らしく、中国伝来の兵法書に通じており、いくつかの戦いでその兵法を応用し、味方の犠牲をほとんど出さない戦い方を実践していた。その兵法というのが「囲師必闕《いしひっけつ》」である。有名な『孫子』の「軍争第七」に出てくる言葉で、「囲《かこ》む師《し》は必ず闕《か》く」と読む。かいつまんでいうと、「敵と戦うとき、全部ふさいでしまうのではなく、一方だけ逃げ口を開けておくことが必要である」という意味である。

ふさぐということなので、野戦よりも籠城《ろうじょう》戦、すなわち攻城の場合を想定したものと思われるが、全部囲んでしまうと、逃げ場を失った敵が、それこそ窮鼠《きゅうそ》となって死戦を挑んでくるため、それだけ犠牲が大きくなることをいったものである。

官兵衛がこの「囲師必闕」を実際に応用したのが天正五(一五七七)年一一月二八日の播磨福原城の戦いである。福原城は佐用城ともいい、当時、秀吉に敵対していた宇喜多直家の配下となっていた福原助就《すけなり》の城だった。

城攻めにあたって官兵衛は城の三方に兵を配置し、一方だけ開けた形で城攻めをはじめている。当然、城兵は負け戦となった時点で開けられた一方の口から城外へ脱出することになり、黒田家の歴史を編纂《へんさん》した『黒田家譜』によると官兵衛はそこに伏兵をひそませておき、みごと脱出してきた城主福原助就を討ち取ったという。

実は、官兵衛の「囲師必闕」の実践例がもう一回ある。それが天正一〇（一五八二）年六月一三日の山崎の戦いのときである。この戦いは「中国大返し」でもどってきた羽柴秀吉と明智光秀が天王山麓の山崎で戦ったものであるが、敗れた光秀が勝竜寺城に撤退したところを秀吉軍に攻められることになった。

そのとき、官兵衛が秀吉に進言して、三方を囲ませ、一方を開けて逃げ道を作ったというのである。先にみた福原城攻めと全く同じパターンであり、このときも、城兵が開いている口から逃げ出していったため、秀吉軍は力攻めをすることなく、ほとんど味方の犠牲を出さずに城を落とすことに成功している。

逃げだした明智光秀主従が、途中、小栗栖《おぐりす》というところにさしかかったとき、落ち武者狩りにあい、あえない最期をとげたことはよく知られている。

黒田官兵衛が「家に帰って休むな」と厳命した理由

天正一〇（一五八二）年六月二日の本能寺の変で織田信長が明智光秀に討たれた。その第一報が備中高松城を水攻めしていた羽柴秀吉のもとに届いたのは翌三日の夜だったといわれている。

秀吉は、すぐ毛利輝元の使僧、安国寺恵瓊《えけい》を呼び、信長の死を隠したまま講和交渉を急がせ、結局、翌四日、清水宗治が切腹し、戦いは終わった。しかし、毛利軍が撤退するまでは秀吉も兵を引くことができず、ようやく、六日になって行動を開始した。いわゆる「中国大返し」のはじまりである。

その日のうちに備前の沼城に到着し、翌七日早朝、沼城を出発。その日は夜通し走り、八日早朝、播磨の姫路までもどっている。姫路城は元来、黒田官兵衛の居城であったが、官兵衛から譲られ、そのころは秀吉の居城となっていた。対毛利との戦いの前線基地で、城下に家臣たちも屋敷をもっていたのである。一昼夜、五五キロメートルを駆け通してきた家臣たちは、「やれやれ、これで自分の屋敷にもどって休める」と考えた。

ところが、このとき、官兵衛は、家臣たちが自分の屋敷にもどるのを禁じ、何と、姫路城とその周辺での野営を命じているのである。もちろん、これは、秀吉との相談の上での措置であろう。

では、官兵衛は、なぜ、家臣たちに自分の屋敷へもどることを禁止したのだろうか。ここに、官兵衛の危機管理がみられるのである。『黒田家譜』は、その理由を二つあげている。

一つは、「妻子に心をとゞめて勇気おこたり候べし」というものであった。要するに、自分の屋敷にもどり、妻子の顔をみてしまうと、勇気がそがれるというのである。それまでの緊張の糸がゆるんでしまうと考えた。

もう一つは、一度、家にもどると、「かりそめの旅にさへ、家出は必ず遅きものにて候」という点である。軍装を解いてしまうと、再び軍装を整えるのに時間がかかるというのである。

官兵衛は、この二つの理由から、家臣たちを自分の屋敷にもどさなかった。家臣たちからは不満の声があがったと思われるが、そこは、いかにも軍師らしい官兵衛の冷徹な判断でことが進められたわけである。

ただ注目されるのは、このとき、家臣たちを屋敷にもどさなかったのとあわせ、秀吉から家臣たちに大盤ぶるまいがあった点である。秀吉は、姫路城に蓄えてあった軍資金と兵糧米を家臣たちに全部分配してしまったといわれている。アメと鞭の巧みな使いわけといってよい。

天守を持たない福岡城が物語る「黒田家の危機」

福岡城に天守があったかなかったかは、長い間論争となっていて、それは今も続いている。

天守がなかったとする論者は、黒田家関係の史料に、天守建造について記述したものがないことと、正保三（一六四六）年作成の「福博惣絵図《ふくはくそうえず》」に天守は描かれておらず、「天主台」とだけ書かれていることを根拠とする。

それに対し、天守はあったとする論者は、そのころ小倉藩主だった細川忠興の「細川家史料」に、黒田長政が「天主なとをくつされ候」とあることと、山口県文書館所蔵の「九州諸城図」に天守らしき建物が描かれていることから、天守は建てられたとみている。建てられたが、すぐ壊されたという解釈で、私もその考えである。

黒田長政は、周知のように黒田官兵衛の子で、豊臣恩顧の大名である。しかし、慶長五（一六〇〇）年の関ヶ原の戦いでは東軍・徳川家康方となり、東軍勝利に大きく貢献し、戦い後の論功行賞で福岡城主五二万三〇〇〇石に栄転している。

このとき、加増栄転した諸大名のほとんどが立派な天守を建てており、名築城家といわれた官兵衛の息子の長政が、天守を建てないわけがないというのが私の考えである。

では、せっかく築いた天守を、長政はなぜ壊すという決断をしたのだろうか。そこには、旧豊臣恩顧の外様大名だからこそ抱いていた危機意識が横たわっていたのである。

慶長二〇（一六一五）年五月の大坂城落城で豊臣家が滅び、完全に徳川の天下となった。家康のときには家康の天下取りに貢献した旧豊臣恩顧の大名たちに遠慮があったが、二代目秀忠は外様大名つぶしにかかっている。

その象徴的事件とでもいうべきものが、関ヶ原最大の功労者、福島正則の改易であろう。広島城無断修築をとがめられ、四九万八〇〇〇石から信濃川中島四万五〇〇〇石への減封処分である。

このできごとが元和五（一六一九）年で、長政による福岡城天守の取り壊しがはじまるのが翌年のことと考えられており、この二つのできごとは連動しているとみるのが自然だろう。

そしてもう一つ、ちょうどそのころ、長政は徳川大坂城の手伝い普請にも動員されていたのである。しかも、理由はわからないが長政の丁場に遅れが生じ、それを挽回するため、長政は福岡城の天守を壊し、その資材を大坂に運ばせていた。

松井興長宛て細川忠興の元和六（一六二〇）年の書状（松井文庫所蔵）に、「ふくおかの城をくつし、石垣も天主ものほせられ候由」とみえる。

この結果、黒田家は取りつぶしを免れたといえるのかもしれない。ちなみに、熊本藩主加藤家は、少しのち、清正の子忠広のとき、寛永九（一六三二）年、所領没収の憂き目をみている。

黒田長政が設置した「ふだん使わない部屋」の用途

戦国武将はややもすると独断専行に陥りがちである。

独断専行とならないまでも、自分のお気に入りだけをまわりに置く傾向がある。いわゆる寵臣《ちょうしん》政治で、そのために家を潰していったという例は枚挙にいとまがない。独断専行にならないよう、寵臣政治にならないように自己をコントロールしていくのも武将たちにとってはきわめて大事な危機管理の一つであった。

この点で注目されるのが黒田長政である。

長政は黒田官兵衛の子どもなので、戦国第二世代といってよい。活躍しはじめたのが文禄・慶長の役のころからで、慶長五（一六〇〇）年の関ヶ原の戦いの軍功によって、それまでの豊前中津一八万石から筑前五二万三〇〇〇石に栄転し、新たに福岡城を築き、そこを居城とした。

長政はその福岡城に、ふだん使わない一部屋を用意していた。そこに釈迦《しゃか》の絵が掛けられていたことから、いつとはなしにその部屋を「釈迦の間」とよぶようになったという。

そして、長政は、月のうち三日、日を決めて、朝から夕方までその部屋に詰め、家臣たちの声に耳を傾けているのである。

びっくりするのは、重臣などの家老だけでなく、身分の低い足軽や中間《ちゅうげん》、さらに小者《こもの》であっても主君長政に何かいいたいことがある者はその部屋を訪ね、直接話ができたというのである。

このことは、長政が書いた「掟書之事」（『弘胤緘集』所収）に、

出仕の外、一ケ月に両三度づゝ、家老中ならびに小身の士たりとも、小分別も有る者を召寄せ、咄を催すべし。其節咄候事は、主人も聞捨、家老中も同前にして、伏蔵なく其時節の事を物語すべし。たがひに心底を残すべからず。


とあるのでまちがいない。ちなみに「伏蔵」は正しくは腹蔵で、「腹蔵なく」というのは自分の考えをすべて打ち明けることをいう。

現在ならばこれはあたりまえといってよいかもしれないが、封建制の時代であることを考えると、これは画期的なことであった。下の者が主君に意見をいいたいと思っても、ふつうは、たとえば足軽であれば、まず足軽組頭にいい、足軽組頭から足軽大将を通し、ようやく家老にいき、家老から長政の耳に届くという形であった。

そうした場合、足軽が本当にいいたかったことが果たして長政のところまで達するかどうかわからない。長政は、途中、何人かを通すと生の声が伝わらないと考えたのである。これを「釈迦の間の異見会」といい、また、「掟書之事」に、「此会の問答にをいては、君臣ともに少もいかり腹立べからず」とあることから、「腹立てずの異見会」ともいったという。

淀川の決壊を防いだ石田三成の「ずば抜けた計算力」

具体的に何年何月のことかわからないが、大雨で淀川の水が増水し、河内堤が切れそうになったことがある。周知のように、大坂城および城下町大坂は、大和川や平野川が淀川に注ぎこむ位置にできており、しかも、大坂城は二重、三重の水堀に囲まれていた。それだけではなく、城下町にも運河があって、さながら水郷といった景観を呈していた。

河内堤が切れれば、町はおろか、豊臣秀吉のいる大坂城まで水びたしになってしまう恐れがあり、まさに危機的状況であった。このときは、心配した秀吉自身も雨をついて京橋口まで出て下知をしていたため、諸大名もわれ先にと堤防まで出て、土俵を積んだりして水を何とか防ごうとしていたのである。

ところが、このときの雨は記録破りの雨で、淀川の水かさはみるみる増えていき、決壊の危機がさしせまった。堤防を決壊から守るためにはたくさんの土俵を用意するしかないわけであるが、大雨が予想されていたわけではなかったので、諸大名の誰一人としてそんなにたくさんの土俵は用意していなかったのである。

対策を協議しても名案は出ず、ただ、手をこまねいて、水かさが増すのを見ている状態だった。そのとき、石田三成が馬を走らせ、決壊しそうな場所を検分し、「これ以上、猶予ならず」と判断し、とって返した。当時、京橋口にあった大坂城の米倉の扉を開かせ、中に積まれていた数千俵の米俵を決壊しそうな箇所に運ばせたのである。つまり、土俵の代わりに米俵を積んで決壊を防いだことになる。

これは、秀吉も考えつかなかった好判断だった。しかも、一刻の猶予もならないという緊迫した事態でのみごとな決断だった。三成が、日ごろ、奉行として大坂城の米倉の中の様子を知っていなければできないことであり、また、数千俵の米俵を、秀吉の許可なく土俵の代わりに使ってしまうという芸当ができたのは、三成がそれだけ秀吉に信頼されていた証拠である。

おそらく三成は、淀川が決壊したときの被害額と、数千俵の米俵を土俵にするのと、どっちが損害が少ないかを瞬時に頭の中で計算したのであろう。槍《やり》一筋の武功派武将にはできないことだったと思われる。

ちなみに、このあと、雨がやみ、水が引きはじめたところで、近隣の百姓たちに土俵を用意させ、米俵と交換させたという。ぬれてしまったとはいえ、かわかせば米は食べられるわけで、百姓たちは大喜びで土俵を作って運び、またたく間に堅固な堤防ができあがったという。

このエピソードは、江戸時代、京都町奉行所与力《よりき》だった神沢貞幹《かんざわていかん》の著した随筆集『翁草《おきなぐさ》』などにしかみえないが、ありえた話だと思われる。

二　「文武両道」の家臣を重用した秀吉

一揆とともに河川の氾濫も鎮圧した加藤清正

天正一五（一五八七）年、豊臣秀吉が九州を平定したあと、その論功行賞として肥後一国を与えられたのが佐々成政だった。ところが、佐々成政は在地の状況などをあまり考えることなく、強圧的な態度で検地を強行したため、菊池氏・阿蘇氏・隈部《くまべ》氏ら国人領主が反発し、一揆を起こしている。

結局、成政一人では一揆を鎮圧することができず、小早川隆景・黒田官兵衛の応援を得て鎮圧することができたが、その責任を取って、成政は改易され、しかも切腹させられている。その成政のあとを受け、北肥後に入ったのが加藤清正である。ちなみに、南肥後には小西行長が入っている。

清正にとって、二五万石という所領を支配できるということはうれしかったと思われるが、成政の失敗のあととあって、危機的状況だったことも事実である。ふつう、清正といえば、賤ヶ岳《しずがたけ》七本槍の一人としても知られ、朝鮮出兵時の虎退治のエピソードでも有名であり、武功派武将のイメージが強い。一揆の後始末を武功派の清正で大丈夫かと、まわりも心配だったのではないだろうか。

実は清正は、武功一点ばりの武将ではなかった。若いころに、台所奉行を経験したこともある。

奉行というと、石田三成ら、いわゆる吏僚派の部将たちの専売特許と考えられているが、清正も奉行をつとめていた。

その後、清正は戦場に出る方が多くなったが、秀吉は清正の奉行としての能力も把握していたものと思われる。

清正の所領北肥後には、北から菊池川・白川・緑川という三本の川が流れていた。しかも、肥後には統治能力の高い戦国大名がおらず、治水事業も遅れていた。河川の氾濫を制御することができず、頻繁に洪水が発生していたのである。

清正がはじめて大名として自分の居城である熊本（当時は隈本）に入ったのは翌天正一六（一五八八）年閏《うるう》六月であった。ふつうならば、自分の居城を築くことになるが、清正は違った。真っ先に行ったのが領内検分であった。そこで河川流域が荒れているのに気がつき、まず、菊池川の改修工事に着手し、そのあと、白川・緑川にも広げているのである。

清正の治水の特徴は、今日的ないい方をすれば、事前の詳細なリサーチと、専門のプロ集団の育成であった。特に土木技術にすぐれた二人の家臣、飯田覚兵衛と森本儀太夫を抜擢し、いわゆる「清正堤」を完成させている。清正はみごとに、成政の失政をリカバリーしたのである。

籠城対策が施された熊本城の「畳の秘密」

加藤清正が慶長六（一六〇一）年から築城を開始した熊本城は、徹底した籠城の備えで知られている。とにかく、城内に一二〇もの井戸が掘られていたことが確認され、一つの城の井戸としては全国一の数ではないかと思われる。それは、清正自身が体験した悲惨な籠城戦に由来するものであった。

豊臣秀吉による二度にわたる朝鮮出兵で、第一次の文禄の役も、第二次の慶長の役も、清正は豊臣軍の主力として渡海し、朝鮮および明の大軍と戦っている。

その慶長の役の最大の戦いといわれるのが、慶尚道《キョンサンド》に拠点城郭として築いた蔚山《ウルサン》城の戦いである。慶長二（一五九七）年、清正および浅野幸長《よしなが》らが一一月一〇日に蔚山城を築きはじめた。普請途中の一二月二二日から、明と朝鮮の大軍四万四〇〇〇人に包囲されてしまった。

厳寒でもあり、水を断たれ、兵糧も乏しくなり、悲惨な状況になった。従軍僧の一人慶念《きょうねん》はそのときの様子を『朝鮮日々記』に、「此城難儀ハ、三ツにきわまれり。さむさ、ひだるさ、水ののミたさ」と記している。「ひだるさ」は兵糧不足からくるもので、兵たちは紙まで食べたといわれている。全滅は時間の問題と清正たちは覚悟したという。

幸い、翌慶長三年正月四日、毛利秀元らの救援隊が西生浦《ソセンポ》から到達したため、明・朝鮮軍は囲みを解いて退却し、命拾いをした。実は、この悲惨な蔚山城における清正の籠城体験が熊本城の築城に反映されているのである。

前述の熊本城の一二〇を超える井戸の存在がその証拠である。籠城戦のときの水の大切さを身をもって体験した清正ならではの施策といってよい。

それだけではない。城を囲まれ、外部から兵糧が入らなくなったときのことを想定した自前での兵糧確保策も熊本城にはみられるのである。熊本城の別名を銀杏《ぎんなん》城とよぶことは知られているが、それは、城内に銀杏《いちょう》の木がたくさん植わっているからであった。また、城には珍しく、椎も植えられている。銀杏《ぎんなん》も椎の実も食糧になる。

その他、いくつかの籠城秘策が伝承されている。たとえば、城内の畳には、ふつうのわらの代わりに芋茎《ずいき》というサトイモの茎を干したものが入れられていたし、壁にはかんぴょうが塗りこめられていたという。芋茎もかんぴょうもいざというときの非常食であった。

加藤清正が身を以て実践した「上に立つ者の心得」

加藤清正といえば、賤ヶ岳七本槍の一人にカウントされているし、文禄・慶長の役のときの虎退治の話がよく知られ、豪傑といったイメージがある。

実際、清正は質実剛健をモットーとしており、『清正記』所収の七カ条の家訓の第一条には、「奉公の道油断すべからず。朝辰の刻起き候て、兵法をつかひ、食をくひ、弓を射、鉄炮を打ち、馬を乗るべく候。武士の嗜《たしなみ》能《よき》ものには、別して加増を遣わすべき事」とある。また、第三条では、「衣類の事、木綿紬《つむぎ》の間たるべし。衣類に金銀をついやし、手前成らざる旨申す者、曲事《くせごと》たるべく候。不断の身を相応に武具を嗜、人を扶持《ふち》すべし。軍用の時は金銀遣わすべき事」とあり、文字通り、質実剛健な家風だったことがうかがわれる。

このことに関し、興味深いエピソードが江戸中期に編纂された名将の逸話集『常山紀談《じょうざんきだん》』にみえるので紹介しておきたい。

朝鮮に出兵していた清正が、秀吉の命を受けて帰国することになったときのことである。もどる途中、場所はまだ朝鮮半島で、戸田高政という者が守っている城に立ち寄るということがあった。そこは、一〇里（約四〇キロメートル）にわたって、四方に敵の姿が全くない安全地帯、敵が不意に襲ってくる心配をしなくてもよい状況だった。にもかかわらず、清正の軍勢は臨戦態勢だったため、迎えに出た戸田高政はびっくりした。

まず、大将の清正からして銀の長烏帽子の冑《かぶと》をかぶり、銀の九本馬簾《ばれん》の馬印を背にさしていた。家臣たちに至っては、鉄砲に火縄をはさみ、しかも火縄には火がつけられていたという。ふつう、安全と思われるところでは冑を脱いでおり、火縄に火はつけないので、高政もあっけにとられたと思われる。

すると、清正はそれを察し、高政に向かって、「大将が油断すれば、家臣も気を許してしまう。油断によって失敗すれば、それまでの功名は無駄になる。いつも陣法を厳しくすることが大切である」といった。まさに、「上一人《かみいちにん》の心、下《しも》万民に通ず」である。

もちろん、こうしたエピソードの類いはそのまま史実だったかどうかわからないわけであるが、清正の軍勢が常に臨戦態勢を取っていたということは十分考えられる。清正一流の危機管理だったといえ、前述の家訓の精神に通ずるものがある。

大将の油断が思わぬ敗北につながるわけで、この清正の緊張感が最終的に肥後一国と豊前の一部五四万石の大々名につながったといってよいのかもしれない。

「寵臣はつらいよ」と蒲生氏郷が嘆いた理由

蒲生氏郷は戦国大名六角氏の重臣、蒲生賢秀の子で、賢秀が織田信長に降ったとき、信長のもとに人質に出されている。信長は氏郷の将来性を見こみ、自分の娘を氏郷にめあわせている。

信長死後は豊臣秀吉に従い、はじめ近江日野六万石、ついで伊勢松坂一二万石、さらに会津若松四二万石へと出世していった。のちに最終的な石高は九二万石となる。

これは、当時としては徳川家康・毛利輝元に次ぐ石高で、早死にさえしなければ五大老の一人になったであろう。世間からみれば大栄達で、「氏郷自身、さぞかし喜んでいただろう」と思って当然である。

ところが、『常山紀談』には、会津転封を秀吉から告げられた氏郷が、親しい知人に「辺鄙に棄てられたれば何事か仕出すべき」と嘆いたということが書かれている。秀吉はなぜ氏郷を会津へ封じたのだろうか。

天正一八(一五九〇)年七月五日に小田原城主、北条氏直が降伏し、一三日に秀吉自身小田原城に入り、奥羽諸大名の仕置《しおき》を行うため八月九日には会津の黒川城(のちの会津若松城）に入っている。氏郷に伊勢松坂から会津への転封が命じられたのはそのときである。

よく知られていることであるが、小田原攻めのとき、伊達政宗が小田原城を包囲する秀吉軍に加わったのは六月五日であった。すでに戦いは四月三日からはじまっているので遅参もいいところである。はじめ、秀吉は政宗の謁見も許さなかったという。政宗は結局、このときの奥州仕置で会津・岩瀬・安積《あさか》三郡を没収されている。秀吉にとって、政宗の去就は心配の種であった。

そしてもう一つ心配の種があった。家康の存在である。家康は小田原攻めにあたって秀吉軍の先鋒《せんぽう》として活躍し、その論功行賞として北条氏の遺領をそっくりそのまま与えられていた。駿河・遠江・三河・甲斐・信濃の五カ国から俗に「関八州」といわれる北条氏の遺領への転封なので、これも栄転といってよい。しかし、秀吉としては家康を少しでも遠くへやってしまいたいという思いが根底にあったのである。

遠くへ追いやるということでは成功したが、秀吉の頭には、家康と政宗が手を結ぶようなことになったら大変だという思いがあった。そこで、家康と政宗の間に楔《くさび》を打ち込む必要があると考え、白羽の矢が立ったのが氏郷だったというわけである。

氏郷によってそれまでの黒川城は新しく築き直され、氏郷の故郷日野の若松の森にちなみ、若松城と改称されたのである。

「年俸は自己申告制」蒲生氏郷の「働き方改革」

蒲生氏郷の聡明さに目をつけた信長は、自分の娘を氏郷に嫁がせている。したがって氏郷は数少ない信長の女婿ということになる。

その氏郷、本能寺の変後は豊臣秀吉に従い、小牧・長久手の戦いや、九州攻めにおいて秀吉陣営の一員として手柄をたて、伊勢松ヶ島城主となり、豊臣政権の担い手の一人となっていた。

天正一八（一五九〇）年の小田原攻め後、奥州への転封を命ぜられ、会津の黒川城に入った。この黒川城がのちの会津若松城で、石高は四二万石だったが、のちにさらに加増され、最終的には九二万石となり、石高の倍増で大幅な知行地の割り振りをする必要が生じた。

転封の場合、どうしても、それまで愛着のある土地から引き離されることになるので、家臣たちの間に不満が出てきて、場合によっては騒動になることもあった。しかし、このときの転封は、氏郷の危機管理によって、大きな混乱もなく、スムーズに進められている。

そのことにかかわって、『翁物語』という史料に興味深いエピソードが載っているので紹介しておこう。

　このとき氏郷は、家臣たちからの自己申告制をとったというのである。つまり、家臣一人ひとりに、それまでの軍功を書きあげさせ、「この軍功なら二〇〇石」とか、「私は一〇〇〇石いただきたい」と書き出させたという。

　ところが、その申告通りに計算してみたら、氏郷本人の蔵入《くらいり》分、すなわち直轄地が全くなくなってしまうことになり、あらためて自己申告をやり直させ、ようやくある程度の蔵入分に落ちついたというのである。

　このような場合、ふつうの大名であれば、できるだけ自分の蔵入分を多く取ろうと考え、あらかじめ、それを確保した上で、残りを家臣たちに分け与える形をとる。ところが、氏郷はむしろ家臣たちに与える知行を多くしていたのである。

　そのため、氏郷の家臣には、四万石の蒲生郷成《さとなり》や、三万八〇〇〇石の蒲生郷安《さとやす》ら、大身《たいしん》の侍が多く、一〇〇〇石以上を取っていた家臣が一二〇人余におよんでいたという。

　氏郷は、家臣たちの待遇をよくすることで、伊勢から会津への国替えという混乱期を無事乗り切ることができたのである。

会津若松の街づくりに秘められた蒲生氏郷の「都市計画」

蒲生氏郷の城下町だった伊勢松坂（三重県松阪市）は、現在でも一部道路が湾曲しているところがある。それは、道沿いに家を建てるとき、一人ないし二人が隠れるような空間を設けさせたからである。

敵が城下に攻めこんできたとき、その空間に兵を配置し、迎撃させるつもりだったのだ。また、氏郷のつくった城下町には、丁字路とか、カギ形路、さらには袋小路といった、敵が直進できないような仕掛けもみられ、城だけでなく、城下町も防衛態勢に組みこんだことが知られている。

その氏郷、天正一八（一五九〇）年の豊臣秀吉による小田原攻め後の「奥州仕置」によって会津へ転封されることになった。はじめ四二万石、のち九二万石で、それまで伊達政宗の居城だった黒川城に入り、そこを若松城と改称している。会津若松の誕生であり、入城と同時に城下町づくりに着手している。

丁字路・カギ形路・袋小路といったものを残しながら、メインルートだけは十字路を原則とした町づくりを進めている。

メインルートは道幅四間（約七メートル）に定められており、これは当時の城下町の道幅からして異例である。おそらく、商人・職人たちの往来がスムーズにできるよう道幅を広げ、商品流通経済を活発化させるねらいがあったのであろう。

しかも会津若松城下町づくりには氏郷の危機管理が生かされていたのである。それが「士庶《ししょ》別居住区分の原則」といわれるものだった。

それまでの城下町のほとんどは、武士と商人・職人たちは特に区分されておらず、混住していたのである。それを氏郷は、武士の住む侍屋敷の部分と、商人・職人の住む町家の部分に分けたのである。

ただ、それだけでは危機管理ということにはならない。氏郷はさらに、商人・職人たちの居住地について計画的な町割り、すなわち都市計画に基づいて町づくりを進めていた。その一番わかりやすい例が肴《さかな》町と鉄砲町の場合だと思われる。

鮮魚を扱う魚商が集まる肴町は、当然、それなりの臭いが出るわけで、それを町の風下に置いている。臭いだけなので危険というわけではないが、火薬を扱い、火災が起こるおそれのある鉄砲町も風下に配置しており、これは氏郷が街づくりにおいて危機管理を意識していたことを示しているといってよい。

同業者町の発生は、もちろん、商人・職人たちの自発的かつ自然発生的集住ということもあったが、氏郷の施策という面もあったのである。

三　名将の家臣に「出世の秘訣」を学ぶ

秀吉の家臣による「失敗リカバリー大作戦」

仙石秀久は、名乗り（諱《いみな》）の「秀久」より、通称の「権兵衛《ごんべえ》」の方が有名である。織田信長の家臣で、信長在世中に羽柴秀吉の与力につけられ、秀吉のもとで軍功をあげた、秀吉最古参の家臣の一人だ。

やがて、秀吉が近江長浜城主となると、秀吉から一〇〇〇石を与えられ、秀吉の家臣に組みこまれている。天正六（一五七八）年には四〇〇〇石に加増され、その後、秀吉軍の淡路・讃岐攻めの先鋒として活躍した。

信長死後の秀吉の主な戦い、すなわち、賤ヶ岳の戦い、小牧・長久手の戦い、紀州攻め、そして四国攻めで大活躍をし、四国平定後、同一三（一五八五）年には讃岐一国を与えられ、一〇万石の高松城主となっているのである。ここまでは順調な出世ぶりだった。

ところが翌一四年一二月一二日の豊後戸次《へつぎ》川の戦いで、それまでの軍功を台無しにしてしまう大失態を犯してしまう。

この戦いは、秀吉による九州攻めの前哨戦の一つだった。島津義久の弟家久を大将とする島津軍が、大友宗麟の重臣、利光鑑教《としみつあきのり》（号は宗魚《そうぎょ》）が拠《よ》る豊後鶴賀城（大分市）を攻めはじめたとき、仙石秀久ら四国の大名がそれを救いに出陣し、戦いとなった。

この戦いには、前年、羽柴秀長・秀次に攻められ降参したばかりの土佐の長宗我部元親・信親父子、讃岐の十河存保《そごうまさやす》が加わり、秀久は軍監という立場で出陣していた。

このとき、秀久が戸次川を強行渡河することを主張したが、四国の秀吉軍が渡りきったところを、林の中などに身を潜めていた島津軍に攻めたてられ、乱戦の中、元親の長男信親が討ち死に、十河存保も討ち死にという大敗北を喫した。秀久も淡路の洲本まで逃げ帰るという惨憺《さんたん》たる結果であった。

その直後一二月二八日付の黒田官兵衛らに宛てた秀吉の文書が残っている。それには、「仙石権兵衛度々申し遣わし候置目《おきめ》に相背き、卒爾《そつじ》の働き仕り、越度《おっと》を取り候条、讃岐召し上げ、余人に仰せ付けられ候」（「黒田家文書」）とある。秀久は「命令に背いた」として領国を取り上げられ、浪人の身となってしまったのである。

このあと、秀久はしばらく高野山や鞍馬寺に入り、復帰の機会をうかがっていたが、このあたりに秀久の危機管理意識がかいま見られるのである。

何と、ひそかに旧臣を集め、それなりの軍装を調え、天正一八(一五九〇)年三月、秀吉が小田原攻めに出陣するときをねらって秀吉の軍勢に加わっている。

このあと、徳川家康が駿河の沼津で秀久を秀吉に引き合わせ、秀吉も戸次川の戦いでの失敗の罪をゆるし、小田原合戦後、信濃小諸五万石の大名に復帰させているのである。

家康最大の危機を救った「家臣の黄金」

天正一〇(一五八二)年六月二日の本能寺の変で織田信長が殺されたとき、家康は堺から京都にもどるところであった。

途中、飯盛山のふもとを通過するあたりで、京都の呉服商、茶屋四郎次郎清延が本能寺の変の第一報を知らせてきた。京都へもどるのは危険ということで、明智光秀方につかまらずに三河へもどるルートを選ばなければならず、伊賀から伊勢へ出て、舟で三河に無事帰還できたのである。そのため「神君伊賀越えの危難」といわれてきた。

ところが、先日実際に自動車を使いながら飯盛山のふもと近くから伊勢の白子までのルートをたどってみると、伊賀より、近江の甲賀の方が難所だったように感じられた。これからは「神君甲賀・伊賀越えの危難」と表現したいと考えている。近江瀬田城の山岡景隆の援助と、甲賀信楽《しがらき》の小川城主多羅尾《たらお》光俊によって救われたという印象がある。

このとき、はじめは家康一行に穴山梅雪もいたが、梅雪は途中から別行動をとり、落ち武者狩りにあって殺されてしまった。梅雪が何人の家臣を従えていたかはわからないが、家康は三〇人ほどで、落ち武者狩りにあえば、家康の命も危なかったことはたしかである。では、家康が助かり、梅雪が殺されたその差は何だったのだろうか。一般的には、家康一行に服部半蔵正成がいて、伊賀の忍者を味方につけたからとされている。しかし、それは伊賀に入ってからのことである。河内国から山城国の一部を通り、近江の甲賀あたりまでは、伊賀の忍者の護衛はなかったものと思われる。

実はこの点について注目される史料がある。『イエズス会日本年報』の「一五八二(天正一〇)年の日本年報追加」で、そこに、

堺を見物するために来た大身二人、すなはち信長の義弟である三河の王(徳川家康)と穴山殿と称する人はこの報に接し、即日急にその国に行くため引返した。三河の王

は多数の兵と賄賂とすべき黄金をもってゐたため、困難はあったが通行できて国へ帰った。穴山殿は少しく遅れ、兵も少なかったため、途中で掠奪に遭ひ、財物を奪はれまたその兵を殺され、非常なる困難を経て逃れた。

とある。このあと、穴山梅雪は殺されたことが記されている。

家康一行が「賄賂とすべき黄金」を持っていたのは事実で、これは、本能寺の変の第一報を家康にもたらしたとき、茶屋四郎次郎が家にあった金を持ち出したからである。彼はこの金を持って家康一行の先を行き、村人たちに金を渡していったのである。金を使った究極の危機管理といえる。

「家康の懐刀」本多正信の「人を見る眼」

「家康の懐刀」などといわれ、また、「君臣の間、相遇《あ》ふこと水魚のごとし」とまで表現され、常に徳川家康のそばに影のようにつき従っていたのが、本多正信であった。

だが、出世は意外に遅い。永禄六（一五六三）年から翌七年にかけてくりひろげられた三河一向一揆のとき、正信が一揆側につき、家康と戦い、一揆鎮圧後、三河にいられず、大和、さらに加賀を転々としていたからである。

ようやく同一一（一五六八）年、友人だった大久保忠世が家康にとりなし、帰参がかなっている。そのため、「帰り新参」などといわれ、はじめはわずか四〇石、しかも役職は鷹匠にすぎなかった。

では、そんな「冷や飯食い」といってよい境遇から、どのようにして「家康の懐刀」になったのだろうか。

家康の五カ国領有時代まで、「両家老」とよばれる二人の家老がいた。酒井忠次と石川数正である。家康は織田信長の生前は信長との折衝役を酒井忠次にまかせていたが、信長死後、豊臣秀吉の時代になると、その折衝役を数正にまかせていた。

ところが、その数正が秀吉に引き抜かれてしまった。天正一三（一五八五）年一一月のいわゆる石川数正出奔事件である。

そのころ、数正に岡崎城をまかせていたので、予想外のできごとに家康は気も動転し、それまで相談したり、意見を求めたりすることなど全く無かった正信に「岡崎城を誰にまかせたらいいだろう」と声をかけているのである。最初から正信に相談をもちかけたというより、たまたまそばにいた正信に、焦りの気持ちから声をかけた、というのが正直なところだったかもしれない。

このとき、正信が、「そうですね。誰がいいでしょうか」と一緒に悩んでしまっていたら、その後の正信はなかったかもしれない。正信は即座に「本多作左衛門重次ではいかが」と返答している。

本多重次はあだ名の「鬼の作左」からもうかがわれるように、厳格な気骨ある武将として知られており、家康もその一言で、石川数正の後任を本多重次に決めている。

正信は正信なりに家康家臣団の一人一人の特性などを頭に入れていたのであろう。誰がどういう部署で能力を発揮できるのか、今日風ないい方をすれば、適材適所の人事配置というものを考えていたものと思われる。

このことがあって以来、浜松から城を移した駿府城で、さらに天正一八（一五九〇）年に江戸城に移ってから、二人がひそひそ相談する姿がよくみられるようになったという。

「失火は切腹」を家康が撤回した「驚くべき事情」

『徳川実紀』の「台徳院殿御実紀」に、慶長一四（一六〇九）年七月一四日のこととして、「ことさらに令して煙草を禁ぜらる。烟を吸とて火をあやまつもの多ければなり」と、徳川家康が禁煙令を出したことを記している。たばこは戦国時代に南蛮貿易の隆盛とともに東南アジア経由で入っており、吸う人が多かったのである。

家康が禁煙令を出した背景には、駿府城築城中に起きた度重なる火事があった。家康は将軍職を子秀忠に譲ったあと、隠居城として駿府城の築城にかかったが、完成間近の慶長一二（一六〇七）年一二月二二日に、城中の失火で燃えてしまった。すぐ再建にかかり、できあがった駿府城の一部が同一四年六月一日にまた炎上してしまったのである。

この六月一日の火事は放火だったようで、『当代記』によると、下女二人が火あぶりの刑、奥女中二人が島流しとなっている。大坂の豊臣方との間が微妙になってきたときで、大坂方の放った間者による放火だったかもしれないが、家康はたばこの火の不始末との見方ももっていたようで、禁煙令となったわけである。

こうした火災に関する危機管理の点で注目されるのが、家康と本多正信とのやりとりである。これは、『東照宮御実紀付録』に収められているエピソードで、何年何月何日という記述はないが、「駿河にて度々火災有し時」とあるので、ちょうどこの頃のことであろう。家康は度重なる火事に我慢できず、「此後あやまちても火を出したる者は切腹せしむべし」という触れを出すよう本多正信に命じた。

その日、正信は「かしこまりました」と家康のもとを辞したが、翌日、家康から「あの触れは出したか」といわれたとき、正信は次のように返答しているのである。原文のまま引用する。

もし、火をあやまつるものは必ず切腹せしむべきよし命ぜられんに、此後、井伊兵部などが宅より失火候はんに、切腹命ぜらるべからず。かろき御家人ども火を出す時は切腹させ、兵部等はゆるされんとありては、法度たち申まじく候へば、かやうの事は下に令すべきにあらず。

ここに「井伊兵部」とあるのは重臣筆頭の井伊直政の子直勝のことである。「切腹命ぜらるべからず」は「切腹を命ずることはできないでしょう」の意味だ。身分の低い御家人には切腹させ、兵部はゆるすというのでは、法度の意味がないので、このようなことは下に命令すべきではありませんと反論したのである。家康もこれには一本取られた形で、「火を出した者は切腹」という触れは出されなかった。

いかに優秀なリーダーであっても、頭に血がのぼってカッカすることはある。その際、家康には常に冷静沈着な本多正信がいたことがどんなに救いだったかはかりしれない。

四　覚悟を決めたリーダーは「機をみるに敏」

井伊直政が「抜け駆け」を強行した理由

関ヶ原の戦いの前哨戦ともいうべき会津上杉攻めのため、徳川家康が豊臣大名を率いて下野の小山《おやま》まで進んだとき、石田三成が挙兵したという第一報が家康のもとに届いた。そこで家康は諸将を集め、このまま上杉攻めのため会津に向かうか、もどって三成らと一戦を交えるのかの軍評定を開いた。慶長五（一六〇〇）年七月二五日の有名な小山評定である。

家康自身は、石田三成をたたく絶好の機会なので、三成との戦いを考えていたが、それを自分の口からいわず、豊臣恩顧の大名にいわせたいと考えていた。そして、その思惑通り、福島正則がまっ先に口を開き、「豊臣家のためにならない三成を討ちたい」と発言し、諸将もその意見に賛成し、会津上杉攻めを中止し、西にもどることになった。

このとき家康は、自分の考えている思い通りの流れを作ってくれた福島正則に感謝し、「三成との戦いには、そなたを先陣にお願いする」と、正則が先陣を切ることを命じている。その後、正則は家康から先陣を命じられたとの思いで西に向かい、岐阜城攻めでも大活躍をしている。

関ヶ原の戦いの当日。九月一五日午前八時ごろ、正則の軍勢は西軍の主力の一人宇喜多秀家の隊の前に陣取り、霧が晴れるのを待っていた。霧が晴れると同時に、家康から命じられた先陣として、戦いの口火を切る機会を待っていたのである。

そのとき、福島隊の横に家康の家臣井伊直政と、家康の四男松平忠吉が数十騎であらわれ、福島隊の前に出ようとした。びっくりしたのは福島隊で、正則の家臣可児《かに》才蔵が直政・忠吉隊の前に立ちふさがり、「家康殿から今日の先陣はわが福島隊に命じられている。抜け駆けは許さん」と押しもどそうとした。

すると、直政は、「ここにおわすは家康殿の四男忠吉殿である。後学のため先陣の戦いぶりを検分させるためである。ごめん」といってそのまま最前線に進み、宇喜多隊に鉄砲を撃ちかけたのである。これが開戦の合図となって、東西両軍の戦いがはじまった。

井伊直政は、もちろん家康が福島正則に先陣を命じたことは知っていた。しかし、徳川家の将来を決める戦いに、豊臣恩顧の大名である福島正則に先陣を切らせるわけにはいかないと考え、あえて、軍律違反になることも承知で抜け駆けにおよんだのである。

関ヶ原の戦いは周知のように、徳川本隊というべき徳川秀忠率いる三万八〇〇〇の軍勢を抜きに戦う形であった。直政としては、戦いの後、「豊臣恩顧の大名が石田三成を破った」という状況にならないよう、できるだけの手を打ったということであろう。

危機においては「長幼の序」を覆した家康

関ヶ原の戦いのときに受けた鉄砲傷が悪化し、井伊直政は慶長七（一六〇二）年二月一日、四二歳の若さで亡くなった。このとき、長男の直継（のち直勝）はまだ一三歳だったが、家康はその家督相続を許し、佐和山城から彦根城への移転も認めた。翌年、幕府成立とともに、大坂城包囲網の一環としての彦根城築城が幕府による天下普請として進められた。

ところが、若い直継では個性の強い家臣をまとめることができず、内紛が生じ、そのことが原因となったのか、直継は病気がちとなっている。

ちょうどそのころ、直継の家老木俣守勝が徳川家康に拝謁し、「直継には同い年の弟がいるので、陣代としてはいかが」と進言していたことが『徳川実紀』にみえる。すると、家康は弟直孝をすぐ召し出し、秀忠付としているのである。

この直継・直孝兄弟は同じ天正一八（一五九〇）年の生まれである。双子というわけではなく、直継は直政の正室から生まれ、直孝は側室から生まれている。しかも、直政の正室は松平康親の娘で、家康の養女として嫁いでいるので、同じ年でも、嫡男の直継が家督をつぐのが順当だった。家康は、秀忠の後継者をめぐって竹千代（家光）と国松（忠長）の争いが起こりそうになったとき、年長順を理由に竹千代を推した経緯からもうかがわれるように「長幼の序」を重くみていた。

何ごとも起こらずにいれば、病弱な直継でも彦根藩のかじ取りはできたかもしれない。ところが、慶長一九（一六一四）年一一月から一二月にかけての大坂冬の陣に直継は出陣できなかったのである。徳川軍の中核となるべき井伊家の当主が出陣できないという事態になったとき、家康は秀忠付となっていた弟直孝に井伊家の大将を命じ、直孝は兄直継に代わって井伊軍を率いて出陣している。以前、家老の木俣守勝が進言した陣代である。

この大坂冬の陣、そして翌年の夏の陣で直孝は抜群の軍功をあげている。特に夏の陣では赤備えの軍勢を率いて若江の戦いで大坂方の木村重成隊と戦い、また、最終的に、井伊隊が淀殿・秀頼が籠もる糒庫《ほしいぐら》に鉄砲を撃ちかけたことで淀殿・秀頼が自刃し、戦いに終止符を打つことになった。

仮に、直孝が冬の陣・夏の陣で手柄をたてていなければ、井伊家の当主は直継でそのままだったかもしれない。しかし、家康・秀忠は、直孝の働きぶりをみて、直政の再来と思ったのであろう。直継には別家をたて、直孝に彦根藩を任せる決断をしている。井伊家はこうして幕閣の中枢に位置づけられ続けることになり、江戸時代を通じて五人もの大老を輩出することになる。

山内一豊が催した一揆鎮圧のための「相撲大会」

慶長五（一六〇〇）年の関ヶ原の戦いの論功行賞で、東軍・徳川家康方についた山内一豊は、それまでの遠江掛川城主五万九〇〇〇石から一躍土佐二〇万二六〇〇石へ加増されることになった。

一豊にしてみれば、実に喜ばしい加増栄転ということになるが、表向きはともかく、実際は喜んでばかりいられなかったことも事実である。というのは、土佐はそれまで長宗我部盛親の領国で、盛親が西軍・石田三成方についたため、改易処分にあっていたからである。

盛親は関ヶ原合戦の当日、南宮山の東麓に布陣していて、実際の戦いには加わってはいなかった。そのため、盛親は井伊直政を介して徳川家康に謝罪すれば本領安堵《あんど》されるのではないかとの期待も持っていたのである。ところが改易を申しつけられてしまった。

収まらなかったのが元家臣たちである。盛親が大名ではなくなってしまったので、遺臣というわけで、彼らが新しい大名として入部してくる山内一豊に対して抵抗し、実際、遺臣たちは盛親の居城だった浦戸城に立て籠り、城の明け渡しを拒んだのである。いわゆる遺臣一揆で、浦戸一揆とよばれている。

家康も一豊の力では収拾はむずかしいだろうと判断し、井伊直政に命じ、直政が家臣の鈴木重好らを土佐に派遣し、浦戸城の没収にあたらせたのである。

浦戸一揆の主力メンバーは「一領具足」とよばれた土豪・地侍たちだったが、重臣たちは、むしろ穏便にことを運んでお家再興をはかる方が得策だと考えていた。重臣たちが浦戸一揆メンバーを説得・懐柔し、ようやくその年の一二月五日、浦戸城は鈴木重好らに引き渡され、一豊の弟康豊が先遣隊として、一二月一一日に浦戸城に入っている。

そして、翌慶長六（一六〇一）年一月八日、一豊は浦戸城に入城した。「一領具足」の遺臣たちは、武士としての立場を剥奪され、農民としてそのまま自分の土地に残っていたので、一豊としては、いつまた遺臣一揆が起きるかわからない状況だった。そこで一豊は思い切った行動に出た。それが三月一日の相撲大会である。

一豊は、新国主入城の祝賀行事という触れこみで、「一豊主催による相撲大会を桂浜で開催するので、力自慢の者は集まれ」と触れさせ、当日、桂浜に集まった「一領具足」七三人を捕らえ、磔《はりつけ》に処している。抵抗勢力の封じこめということになるが、こうした卑劣な手段をとらなければならないくらい、厳しい状況だったことがうかがわれる。

なお、その後、一豊は浦戸城を廃城とし、新しく高知城を築いて移っているが、それも長宗我部色を消す意味あいがあったものと思われる。

あとがき

　戦国武将といわれる人は多いが、名将となると少ない。名将の本質は何なのか、それを明らかにするものさしはいくつかある。本書で私は、危機管理というものをキーワードに掘り下げてみた。

　第一章では明智光秀を取り上げている。その名前をみて、「謀反人がなぜ名将なのか」と疑問に思った方も少なくないのではないかと思われる。たしかに、光秀は天正十（一五八二）年六月二日、本能寺で主君織田信長を殺しており、「主殺しの大悪人」などといわれたこともある。しかし、この本能寺の変は、私が思うに下剋上の一つであり、戦国時代にあっては必ずしも否定される行為ではなかったのである。光の当て方で歴史がちがってみえてくる一つの例ではないかと思われる。

　以下、第二章では、信長・秀吉・家康の「天下統一の覇者」にまつわる驚異のサバイバル術を追いかけた。信長についていえば、情報とどう向きあったか、情報蒐集だけでなく、機密保持も大きなウエイトを占めていたことが浮き彫りになったのではないかと考えている。秀吉の「経験から学ぶ思考法」、家康の「負け戦の作法」も、これまで正面から取り上げられることはなかった。

第三章は、戦国合戦を勝ち抜いていった武田・上杉・北条・今川氏といった武将たちにスポットを当て、第四章では、それ以外の地方の武将たち、誰もが名前を知っている伊達政宗・毛利元就・長宗我部元親といった有名な名将たちに光を当てている。

そして、最後の第五章では、戦国大名の家臣クラスの名将を取り上げた。有能な家臣がいたかいなかったかは、家の存続に大きな影響を与えたことを示したかったからである。

「弱肉強食」という言葉が示すように、文字通り、食うか食われるかの戦国時代、武将たちは生き残りをかけ、工夫を重ねてきた。もちろん、それがうまくいった場合もあるし、逆に裏目に出て失敗したこともある。私は、「歴史を学ぶ」あるいは「歴史から学ぶ」というとき、成功例だけでなく、失敗例からも学ぶ必要があると考えている。

古い諺に「前車の覆るは後車の戒め」というものがある。前の人と同じ失敗をしないで済むという歴史の学び方ということになる。本書で具体的に取り上げた武将たちの事例、特に危機管理のあり方から学ぶことは、現代を生きる私たちにとっても必要ではないかと考えているところである。

なお、本書は毎日新聞のWEBコンテンツ「経済プレミア」に連載中の「戦国武将の危機管理」に新稿を加えたものである。経済プレミア担当の今沢真氏、出版にあたってご尽力いただいた毎日新聞出版の倉田亮仁氏、そして、本書の編集に当たられた名古屋剛氏にお礼申し上げ、擱筆する。

著者紹介 **小和田哲男**（おわだ・てつお） profile

1944年、静岡市生まれ。72年、早稲田大学大学院文学研究科博士課程修了（文学博士）。静岡大学講師、助教授、教授を経て、現在、静岡大学名誉教授（日本中世史専攻）。戦国時代史研究の第一人者。NHK「歴史秘話ヒストリア」「知恵泉」など歴史番組でのわかりやすい解説に定評がある。また、2020年「麒麟がくる」をはじめ、数多くのNHK大河ドラマでも時代考証を担当。著書に、『今川義元』『黒田如水』『明智光秀・秀満』（以上、ミネルヴァ書房）、『軍師・参謀』『戦国武将の実力』（以上、中央公論新社）、『明智光秀と本能寺の変』（PHP研究所）ほか多数。

戦国《せんごく》名将《めいしょう》の本質《ほんしつ》
明智《あけち》光秀《みつひで》謀反《むほん》の真相《しんそう》に見《み》るリーダーの条件《じょうけん》

印刷　2019年11月15日
発行　2019年11月30日

著者　小和田哲男《おわだてつお》
発行人　黒川昭良
発行所　毎日新聞出版

〒102-0074　東京都千代田区九段南1-6-17　千代田会館5階
営業本部　03(6265)6941　図書第二編集部　03(6265)6746

印刷　精文堂
製本　大口製本

ISBN978-4-620-32610-8